André BAKAMPAKA MBUABUA

Lecture populaire de la Bible

André **BAKAMPAKA MBUABUA**

Lecture populaire de la Bible

Contexte du diocèse de Franceville

Éditions Croix du Salut

Imprint

Any brand names and product names mentioned in this book are subject to trademark, brand or patent protection and are trademarks or registered trademarks of their respective holders. The use of brand names, product names, common names, trade names, product descriptions etc. even without a particular marking in this work is in no way to be construed to mean that such names may be regarded as unrestricted in respect of trademark and brand protection legislation and could thus be used by anyone.

Cover image: www.ingimage.com

Publisher:
Éditions Croix du Salut
is a trademark of
Dodo Books Indian Ocean Ltd. and OmniScriptum S.R.L publishing group

120 High Road, East Finchley, London, N2 9ED, United Kingdom
Str. Armeneasca 28/1, office 1, Chisinau MD-2012, Republic of Moldova, Europe
Printed at: see last page
ISBN: 978-620-6-16975-8

SIGLES ET ABREVIATIONS

- C E B : Communauté ecclésiale de base
- J E C : Jeunesse étudiante chrétienne
- M A C : Mouvement d'action catholique
- Ed.   : Edition

BIBLIOGRAPHIE

I. SOURCES

1. Bible

- *BIBLE DE JERUSALEM illustrée, La Sainte Bible traduite en français sous la direction de l'Ecole biblique de Jérusalem*, Paris, Cerf, 1986.

- *NOUVEAU TESTAMENT COMMENTE. Texte intégral. Traduction œcuménique de la Bible*, sous la direction de Camille FOCANT et Daniel MARGUERAT, Paris, Cerf, 2010.

2. Documents Conciliaires

- CONCILE OEUCUM2NIQUE VATICAN II, *Constitutions, Décrets et Déclarations*, Perpignan, Artège, 2012.

3. Documents du Magistère

- CONSEIL PONTIFICAL POUR LA PROMOTION DE LA NOUVELLE EVANGELISATION, *Directoire pour la catéchèse*, Paris, Bayard-Cerf-Mame, 2020.

- BENOIT XVI, *Exhortation Apostolique* Verbum Domini, Namur, Fidélité, 2010.

- FRANCOIS, *Exhortation Apostolique* Catechesi Tradendae, Editions Paulines, Québec, 1979.

- JEAN PAUL II, *Lettre encyclique* Sollicitudo Socialis Rei, Paris, Cerf, 1998.

- PAUL VI, *Exhortation Apostolique* Evangelii Nuntiandi, Kinshasa, Saint- Paul, 1975.

II. TRAVAUX :

1. Livres

- BEGUERIE Philippe, *L'homélie, de la Parole à l'Eucharistie*, Paris, Desclée de Brouwer, 2012.

- BIANCHI Enzo, *Ecouter la Parole. Enjeux de la lectio-Divina,* [le livre et le rouleau 28], Bruxelles, Lessius, 2006.

- BONY Paul, *L'Eglise et les pauvres*, Paris, éd. Des ateliers, 2001.

- CARRE Pierre Marie, *Beauté et richesse de la Parole de Dieu. Synode sur la Parole de Dieu, Rome, 2008. Extraits des interventions choisis par le Père Dominique AUZENET. Texte intégral du message final*, Béatitudes, Nouan-le-Fuzelier, 2009.

- DEGEEST Achille, *Méditer l'Evangile avec François d'Assise et Thérèse de Lisieux*, Paris, Mediaş-Paul, 1996.

- DERROITTE Henri, PALMYRE Danielle, *Les nouveaux catéchistes, leur formation, leurs compétences, leur mission* [Pédagogie catéchétique 21], Bruxelles, Lumen Vitae, 2008.

- DERROITTE Henri, *Dimensions bibliques de la catéchèse* [Pédagogie catéchétique 28], Bruxelles, Lumen Vitae, 2013.

- DUMAIS Marcel, *L'actualisation du Nouveau Testament*, Collection [Lectio Divina], Paris, Cerf, 1981.

- KUEN Alfred, *Pourquoi et comment lire la Bible*, Peronnas, BLF Editions, 2016.

- LICHTERT Claude, *Lire la Bible ensemble. Quelques enjeux, résistances, méthode et approche*, Toulouse, Domuni-Press, 2020.

- MADEGA LEBOUAKEHAN Mathieu, *Histoire de l'Eglise au Gabon*, Paris, Champs Elysées, 2010.

- MABUNDU MASAMBA Fidèle, *Lire la Bible en milieu populaire*, Paris, Karthala, 2003.

- VERNETTE Jean, *Sectes. Que dire ? Que faire ?*, Paris, Salvator, 1994.

- VAN MEENEN, *Des Ecritures à l'Evangile. Chemins d'une alliance vivante*, Bruxelles, Lumen Vitae, 1999.

2. Notes de cours

- Luis MARTINEZ SAAVEDRA, *Lecture contextuelle de la Bible*, Namur, Centre international de la catéchèse et de pastorale Lumen Vitae, 2022, notes de cours.

3. Mémoires

- BIDIONGO MOUSSODO Léa, *Entre cahiers et biberons : les enjeux de la conciliation études/famille des mères adolescentes au Gabon* (mémoire inédit de Maitrise en sociologie), Montréal, Université de Montréal, 2015 (Directeur : Marianne KEMPENEERS).

- NDEMEZOGUE ONDO Isaac Paterne, *Facteurs explicatifs de la fécondité des adolescentes au Gabon* (Mémoire inédit de Master professionnel en Démographie), Yaoundé, Université de Yaoundé II, 2012 (Directeur : Didier NGANAWARA).

- MBIYANGANDU François, *Parole de Dieu dans la vie, conférence tenue aux religieux joséphites*, Melle, 2006, Inédit.

4. Articles

-   MALLEVRE Michel, *Lire la Bible aujourd'hui. Les enjeux d'un point de vue catholique,* dans *CAHIERS EVANGILE* 141 (Septembre 2007). p. 122-124.

-   KABASELE MUKENGE André, *Lire la Bible à l'heure des Eglises du réveil. Acquis et prolongements du Synode africain,* dans *TELEMA,* 125-126(avril-septembre 2006), p. 44-58.

-    KABASELE MUKENGE André, *Lire la bible aujourd'hui, risques, défis et enjeux pour une société en crise,* dans *REVUE AFRICAINE DES SCIENCES DE LA MISSION,* 16, Kinshasa, Baobab, 2002. p. 100-132.

-   De KESEL Josef, *Préface,* dans *Rencontrer Dieu dans sa Parole. Guide de lecture pour la liturgie,* Bruxelles, Licap, s.d

III. SITOLOGIE

-   JEAN PAUL II, Discours au Gabon en 1982, en ligne : https://www.vatican.va/content/john-paul-ii/fr/speeches/1982/february/documents/hf_jp-ii 1982218 popolazione-gabon-html (consulté le 27.03.2023).

-   Philippe COHEN-GRILLET, *Crimes rituels au Gabon : la fin du silence des agneaux,* en ligne : https://www.laicite.be/magazine-article/crimes-rituels-gabon-fin-silence-agneaux, (consulté le 27.03.2023).

-   *Ils font disparaitre les corps : la peur des crimes rituels reste vivace au Gabon,* en ligne : www.francetinfo.fr (consulté le 27.03.2023).

-   *Elections et crimes rituels, retour du permis de tuer ?,* en ligne : www.africa-press.net., du 04.02.2023 (consulté le 27.03.2023).

-   *Données démographiques relevées Gabon,* en ligne : https://knoema.fr/atlas/Gabon/taux-de-natalité (consulté le 26.03.2023).

-   GROUPE DE LA BANQUE AFRICAINE DE DEVELOPPEMENT (GBAD), Développement macroéconomiques récents, en ligne : www.afdb.org/fr/countries/central-africa/gabon-economic-outlook (consulté le 22.03.2023).

-   Témoins de Jéhovah, en ligne : www.jv.org (consulté le 23.03.2023).

-   Arthur ASSEKO, *Les églises de réveil. Au Gabon, après plusieurs années d'assidue fréquentation, de nombreux fidèles déserteraient les églises du Réveil. Cet éloignement résulterait des dérives récurrentes enregistrées au sein de ces lieux de culte,* en ligne : https://g9infos.com/gabon-eglises-de-reveil-les-plus-grands-foyers-descroquerie-au-gabon/ (consulté le 06.12.2022).

- *Les églises de réveil*, en ligne : https://www.unadfl.org/actualites/groupes-et-mouvance/les-eglises-du-reveil, publié le 14.01.2016 (consulté le 06.12.2022).

- FRANCOIS, *Pasteurs et fidèles laïcs appelés à marcher ensemble, adresse aux participants à la conférence internationale pour les évêques et les référents des commissions épiscopales pour les laïcs du 16.18 au 18 Fév.2023*, en ligne : http://fe.Zenit.org/author/Marinadroujina. Nouvelle évangélisation (consulté 20. 02.2023).

- *Le Ndjobi, symbole de la masculinité en pays Téké*, en ligne : https://mongabonestdouxwordpress.com (consulté le 14.05.2023).

- *Le Bwiti*, en ligne : https://voyage-au-gabon.skyrock.com/1398165097 (consulté lé 14.05.2023).

AVANT-PROPOS

Lorsque l'Eglise et ses membres lisent et méditent l'Ecriture, notre esprit s'en trouve éclairé, notre volonté raffermie et notre cœur embrasé de l'amour de Dieu.(St. Augustin)

Les expériences des autres restent toujours sujettes à caution. Seule l'expérience personnelle a finalement valeur de preuve pour nous. C'est pourquoi, je vous propose de faire vous-mêmes l'expérience de lire tous les jours la Bible pour vous convaincre vous-mêmes de sa valeur et le mettre au défi de prouver son pouvoir de vous apporter la paix intérieure après laquelle vous soupirez depuis longtemps. (Alfred KUEN)

J'exprime ma reconnaissance aux Professeurs Philibert KIABELO KIAKU du Centre international de catéchèse et de pastorale Lumen Vitae et Hector PATMORE de L'Université catholique de Leuven (Ku Leuven). Vous avez été cet aiguillon dans ma chair, sans lequel un auteur reste un promeneur solitaire, privé de frères pour son texte. J'ai aimé votre rigueur dans la douceur et votre précision.

Ma particulière gratitude à ma congrégation des pères Joséphites, au Très Révérend Père Général Jacob BEYA KADUMBU pour ses orientations, au R.P. François MBIYANGANDU pour ses encouragements, à mes confrères Jeff BAMPEMBE, SHAMBU KABA, Felix NKONGOLO, Roger MINGASHANGA pour votre attention bienveillante.

Je dis sincèrement merci à tout le corps académique de Lumen Vitae, en particulier au Professeur Enzo PEZZINI. A mes amis Mathias KAYAYALO et à sa fille Pélagie, à LELOUCHI Marie de Lourdes, au couple De GRAEVE Guido et Mylène. Aux Abbés Remy LUZOLO LUHEBO et Rodolphe SOMA ainsi qu'au cadet Ange KAYALA pour la compagnie dans le manoir de la petite forêt de Bouge. Et enfin, à toi mon petit frère Professeur David NGINDU BUABUA pour l'œil de ma mère sur ton frère.

INTRODUCTION GENERALE

Le choix du sujet part de notre expérience pastorale (vingt-cinq ans comme vicaire général et curé des paroisses) vécue au diocèse de Franceville, dans le sud de la République gabonaise. Nous avons effectué un sondage dans beaucoup de paroisses qui nous a révélé que la Bible n'est pas assez lue. Nous avons été motivés par la crise de covid 19 qui a cloué le monde entier, chacun dans sa maison, sans fréquenter les lieux de culte pour écouter le message biblique. Notre effort d'envoyer au moins chaque dimanche les lectures tirés du missel liturgique suivies d'une réflexion en clé de lecture a suscité la question de savoir qu'avec les mesures de restrictions sanitaires, pourquoi ne pas apprendre aux fidèles comment lire la Bible, pour que chaque famille nourrisse sa foi et éveille son espérance ?

Beaucoup de fidèles possèdent ce livre mais ne l'ouvrent pas. Ils se demandent comment s'y prendre et par où commencer ? Certains fidèles qui tentent de l'ouvrir l'interprètent dans tous les sens.   Notre conscience a été ainsi éveillée, nous nous sommes posés la question de savoir comment faire pour susciter l'intérêt pour la lecture de la Bible ? Comment aider, surtout les personnes simples et sans aucune formation à lire la Bible d'une manière inspirante pour leur vie quotidienne, dans cette société en crise afin qu'ils se l'approprient et qu'elle leurs parle ? Comment peuvent-ils prendre conscience que la Bible n'est pas le privilège de quelques spécialistes, prêtres ou autres, mais de tout le monde et qu'ils peuvent devenir eux aussi porteurs de la Bonne nouvelle ?

C'est cet examen de conscience qui nous a emmené à réfléchir sur des pistes d'approches simples de lecture personnelle ou communautaire de la Bible par les gens ordinaires, majoritaires dans nos paroisses. Et, face à la prolifération des mouvements religieux, communément appelés « églises de réveil » au Gabon, qui encouragent la lecture de la Bible, qu'ils soient eux aussi armés pour défendre leur foi. Qu'ils soient attirés non seulement par la Bible mais aussi par son contenu. Beaucoup de responsables de nos communautés ecclésiales de base (C.E.B), des groupes et mouvements d'action catholiques, même nos catéchistes, n'ont que leur formation chrétienne de base acquise au moment de leur initiation aux premiers sacrements. C'est avec cette formation initiale qu'ils exercent leurs charges pastorales.

Par ailleurs, il existe dans quelques paroisses du diocèse de Franceville (Saint Hilaire de Franceville, Saint Dominique de Moanda et Sainte Barbe de Mounana), un mouvement des intellectuels chrétiens qui font un petit effort de lire la Bible en groupe, mais sous équipés et sans guide formé. Certes, ils sont spécialistes en diverses autres matières mais sans méthodes de lecture biblique crédible. En plus, leurs rencontres sont souvent sporadiques,

sans emploi de temps établi et sans outils adéquats. Il y a toujours un risque d'intellectualisme face à la masse populaire très peu formée.

Nous voudrions enfin arriver à montrer l'intérêt qu'il y a à la Bible en groupe et un appel, de tous les responsables de l'animation pastorale du diocèse, à enrichir leur expérience chrétienne en trouvant quelques repères dans ce livre, entant qu'animateurs solidaires de leur milieu de vie pour une lecture fiable de la Bible dans le monde populaire, surtout le monde qui ne l'a jamais lue.

Nous encouragerons *la lecture de la Bible en petites communautés* sur base de certains outils que nous proposent des théologiens et qui donnent un certain nombre des méthodes de partage biblique, surtout celles qui encouragent la confrontation de la vie avec La Bonne Nouvelle de Jésus-Christ. La grande partie de la population vit dans l'injustice et la misère. Comment susciter l'intérêt de la lecture de la Bible chez ces gens opprimés et presque condamnés à la débrouillardise ? C'est aussi là, quelques aspects de la vie qui constituent un enjeu majeur pour le maintien du rythme de fréquentation des fidèles dans notre église locale. Avant de montrer comment se structure notre travail, nous tenons à présenter brièvement notre bassin pastoral, le diocèse de Franceville.

En Afrique, il convient de le rappeler, beaucoup de juridictions ecclésiastiques ont été érigées dont le « Sao Tomé 1514, Salvador 1597, Loango 1660 (...). Un roi du Manicongo, appelé Nzinga-Nkouvou, est baptisé sous le nom de Jean 1er et un de ses petits-fils, Henri, est ordonné évêque en 1518[1] .» Entre temps, la traite négrière qui a fait tant de ravages a réduit cet élan missionnaire. Bien longtemps après la première loi sur l'abolition de l'esclavage en 1794, sans évoquer tout le contexte car cela n'est pas notre but poursuivi dans ce travail, Libermann fondateur de la congrégation des Pères spiritains signe une convention avec le ministre de la Marine, demandant l'envoi des missionnaires en Afrique. « Le Père Jean Rémi Bessieux arrive au Gabon le 28. Aout 1844, à bord du « Zèbre ». A Paris, on le croit mort et il ne recevra la première lettre de son supérieur qu'un an plus tard, tout prêt alors de se décourager. Il célèbre sa première messe en terre gabonaise le 29 septembre 1844 et dès lors enfin, l'histoire de l'Eglise au Gabon sera à la fois œuvre d'expatriés et des gabonais[2]. » La véritable expansion missionnaire commence en 1877 car c'est en cette période que les Etats européens vont se diviser et se partager l'Afrique, ainsi le Gabon reviendra à la France après la conférence de Berlin (1881). La formation du clergé indigène avait déjà commencé et en 1899, l'abbé Raponda Walker est ordonné prêtre.

En 1913, le Gabon le Gabon comptait déjà dix-huit missions, à raison d'une fondation tous les deux ans. L'implantation des écoles catholiques a joué un rôle important dans l'histoire. La congrégation du Saint Esprit a fondé d'autres congrégations au Gabon sous Monseigneur Bessieux. En 19855, le vicariat apostolique du Gabon est érigé en diocèse, lequel va se démembrer en quatre circonscriptions ecclésiastiques, à savoir, de Libreville, de Mouila, d'Oyem et de Franceville, chacune sous la responsabilité d'un évêque titulaire.

Le Gabon compte actuellement cinq diocèses, à savoir, l'archidiocèse de Libreville, Port-Gentil, Mouila , Makokou et Franceville. Notre diocèse est situé au sud de la République gabonaise et provient du détachement du diocèse de Mouila en 1974. Il s'étend sur deux provinces, à savoir, le Haut-Ogooué et l'Ogooué-lolo. Depuis sa création, quatre évêques se sont succédés : « Félicien Makouaka (le 5 octobre 1974), Timothée Modibo Nzockena (8 novembre 1996), Jean Patrick Iba-Ba (le 4 novembre 2017) et Ephrem Ndjoni (le 25 juillet

---

[1] Mathieu MADEGA LEBOUAKEGHAN, *Histoire de l'Eglise au Gabon*, Paris, Champs Elysées, 2010, p. 11.
[2] *Ibid.* p. 12.

2022). » Aujourd'hui, le diocèse de Franceville compte quinze paroisses regroupées en quatre doyennés. Dix-huit prêtres autochtones y travaillent, trois congrégations masculines (des spiritains, des claretains et des joséphites), sept congrégations féminines ainsi que les catéchistes travaillent à côté de ces agents pastoraux. Les fidèles catholiques représentent 29% de la population. Le diocèse de Franceville, comme c'est le cas pour d'autres diocèses, connait une présence importante des musulmans, beaucoup d'églises dites de réveil parmi les nouveaux mouvements religieux ainsi que les protestants. Quelques détails seront donnés dans les points qui suivront mais proposons d'abord la division de notre travail.

Il comprend trois chapitres. Le premier essayera de nous présenter le cadre pastoral du diocèse de Franceville et la place qu'il donne à la Bible en pastorale, les causes et les conséquences du manque de lecture de la Bible. Ensuite, le deuxième chapitre essayera de parler de l'importance de la lecture de la Bible dans la vie du chrétien, en s'appuyant sur les Saintes Ecritures elles-mêmes, dans le Magistère de l'Eglise et chez des théologiens. Enfin, le troisième chapitre tentera, non seulement de proposer les voies et moyens capables de créer de l'attrait pour la lecture de la Bible (sensibiliser par l'information et assurer la formation des agents pastoraux), mais aussi de proposer quelques pistes d'approches de lecture de la Bible soit personnellement soit en groupe (C.E.B, chorales, liturgie etc.), et enfin présenter un modèle de lecture de la Bible en groupe.

CHAPITRE I. CONTEXTE PASTORAL ET ANALYSE DES CAUSES ET CONSEQUENCES DU MANQUE DE LECTURE DE LA BIBLE

Introduction

Dans ce chapitre, nous tenons à décrire le contexte de crise multisectorielle que connait le Gabon en général et le diocèse de Franceville en particulier et comment se fait l'emploi de la Bible dans cette situation. Nous analyserons les causes du manque de la lecture de la Bible ainsi que les conséquences qui en découlent.

I.1. Contexte pastoral du diocèse de Franceville

- Un contexte de crise économico-socio-politique

Le Gabon est une ancienne colonie française qui, depuis son indépendance, a attiré la plupart des habitants des pays limitrophes comme ceux de la Guinée équatoriale, du Cameroun, du Congo , du Bénin ainsi que d'autres qui sont venus au Gabon pour trouver du travail surtout dans de petits métiers et dans l'enseignement. Le Gabon est sous peuplé et a bénéficié d'un sol (forêt équatoriale) et du sous-sol riche (pétrole).

Aujourd'hui, le Gabon vit dans la crise que connait actuellement la plupart des pays africains et qui met en déséquilibre tous les secteurs publics et même le secteur religieux . Les structures politiques constituent un régime d'oppression , une économie au profit d'une minorité riche, des guerres, de l'insécurité permanente ainsi que d'autres fléaux contre la dignité humaine. Le Gabon a maintenu sa stabilité pendant quelques années après l'indépendance grâce au pétrole, au bois et à sa faible densité démographique. Mais ces richesses demeurent très inégalement réparties : *« Malgré cette prospérité relative, de très fortes disparités sociales sont observées à travers le pays. 34,3% de la population vivrait en-dessous du seuil de pauvreté selon le FMI (…), 30% des foyers gabonais sont économiquement faibles (…), 70% des villages du pays sont enclavés (…) Ainsi les agrégats sociaux confirment-ils que les inégalités sont toujours prégnantes au Gabon et que la richesse du pays demeure inégalement répartie et ne profite pas à la majorité de la population*[3]. *»* Une minorité riche spolie les biens de la population sous plusieurs formes et le peuple exploité n'a d'autre refuge que l'Eglise. Malheureusement, plusieurs faux bergers se mettent malignement du côté de ces exploiteurs des démunis, avec des intentions plus commerciales que missionnaires. On enregistre les enlèvements des enfants au jour le jour, des crimes rituels, la corruption ainsi que d'autres genres de pratiques qui boycottent les droits de la personne ainsi que la dignité humaine. Ce fléau nous est révélé par certains articles. Déjà en 2014, Un certain Philippe Cohen-Grillet écrivait : *« Crimes rituels au Gabon : la fin du silence des agneaux. Sur fond de sorcellerie, de croyances déviantes et d'ambitions politiques, d'atroces assassinats ensanglantent le pays. Surmontant les peurs et les tabous ancestraux, la population gabonaise se mobilise, jusqu'à …, enfin de contraindre la justice à agir*[4]. *»* Et, il continue en disant : *« Ce*

---

[3] Cf. *Gabon, pays riche confronté à de fortes disparités sociales,* en ligne : https://www.mays-mouissi.com/2016/12/09/gabon-pays-riche-confronté-a-de-fortes-disparites-sociales (consulté le 24.03.2023).

[4] Philippe COHEN-GRILLET, *Crimes rituels au Gabon: la fin du silence des agneaux,* en ligne : https://www.laicite.be/magazine-article/crimes-rituels-gabon-fin-silence-agneaux, dans Espace de libertés, Octobre 2014 (n°432) (Consulté le 27 mars 2023).

phénomène, ancien, connait une importante résurgence ces dernières années. Officiellement, 157 victimes ont été dénombrées entre 2011 et 2013, 75 enfants et 43 hommes. Les immigrés, parmi les plus démunis, venus du Togo ou du Bénin, sont particulièrement exposés[5] » En 2020, *France Télévisions Rédaction Afrique* rapporte dans le titre de son article : « *Ils font disparaitre les corps* » : *la peur des crimes rituels reste vivace au Gabon[6]* » Dans le même article, Jean Elvis Ebang Ondo de l'association de lutte contre les crimes rituels à *franceinfo Afrique* ajoute : « *Quand on parle d'enlèvements, tous les Gabonais pensent directement aux crimes rituels. Depuis 15 ans, nous travaillons sur la question. Plus on les dénonce, plus ils changent de mode opératoire. Avant, les tueurs jetaient les corps de leurs victimes dans la nature. Aujourd'hui, ils les font disparaitre[7]. »* Un cas le plus récent parmi tant d'autres se trouve dans le reportage du journal *Africa-Press-Gabon* qui annonce clairement le titre : « *Elections et crimes rituels, retour du permis de tuer ?[8]* » après lequel il écrit *: « Voici venu le temps des élections au Gabon qui correspond aussi à l'ouverture de la saison de la chasse. Une chasse bien particulière dont les proies seront bientôt nos enfants. Comme l'illustrait si bien Info 241 dans son édition du 30 avril 2022 : « A l'approche de chaque élection majeure, c'est chacun qui passe sa commande de ce qui lui plait (le cœur, les yeux, le pénis, le clitoris, le cerveau, les membres, les cheveux, les ongles, le sang, la langue) et bien plus encore. Le tout dans une inhumanité glaciale à la fois des commanditaires et des hommes de main de ces pratiques[9]. »* Il atteste que le danger est partout, dans les taxis, à l'école, dans la rue, au bar, dans les hôtels,. Et ces ravisseurs se promèneraient dans les quartiers et villages, en usant de leur ruse pour hameçonner tous les maladroits qui baisseraient leur garde[10]. Ce seraient des réseaux assassins bien entretenus dont les commanditaires seraient les hommes de pouvoir et les riches du Gabon.

Les études des jeunes gens dans les universités n'ont plus de cursus conventionnel au rythme d'autres universités dans le monde à cause des grèves pourtant légitimes. Les étudiants eux-mêmes sont sujets à une exploitation polymorphe de la part des enseignants (corruption, séquestration, viol …). La démocratie, nourrie par un laisser-aller indescriptible, est au profit de ceux qui détiennent le pouvoir public. La privation de liberté se traduit par des emprisonnements arbitraires à cause d'une justice qui protège les intérêts des tenanciers du pouvoir politique qui « utilisent les Saintes Ecritures pour justifier les situations de violence et d'injustice, légitimer un statu quo intolérable, pousser à la résignation et au fatalisme. Et la Parole se fait sang, contribuant, malgré elle, à prolonger la nuit de nos peuple et de leur histoire. Il suffit de voir comment les dictateurs aiment citer ces deux paroles de la Bible : « rendez à César ce qui est à César et à Dieu ce qui est à Dieu »(Matthieu 22, 21 et parallèles) ; et puis : « Toute autorité vient de Dieu » (Romains 13, 1). Citations dangereuses dans la mesure où elles peuvent suggérer de se taire et de courber l'échine face à des abus

---

[5] ID.

[6] *Ils font disparaitre les corps* » : *la peur des crimes rituels reste vivace au Gabon*, en ligne : www.francetinfo.fr (consulté le 27. 03. 2023).

[7] ID.

[8] *Elections et crimes rituels, retour du permis de tuer ?*, en ligne : *www.africa-press.net* du 03 février 2023 (Consulté le 27 mars 2023).

[9] ID.

[10] ID.

de pouvoirs intolérables[11]. » C'est un exemple parmi tant d'autres que nous citerons lorsque nous montrerons comment la Bible est utilisée au diocèse de Franceville par les autres mouvements religieux ainsi que les églises dites de réveil.

- *Une Eglise marquée par les différentes crises de la société gabonaise*

L'Eglise n'est pas restée en marge de cette situation. Déjà, le Pape Jean Paul II, au moment de sa visite au Gabon, du 17 au 19 février 1982, dans un discours prononcé au Stade Omnisport de Libreville, a montré qu'il avait la connaissance parfaite de la vie au Gabon, non seulement la vie socio-politique et économique, mais aussi religieuse des populations gabonaises. Il s'est adressé aux populations gabonaises dans ces termes : « Je crois rejoindre vos préoccupations sur le type de société qui est en train de naitre dans vos villes qui grandissent et vos campagnes qui se dépeuplent. Craindre ou déplorer ses carences n'est pas suffisant. Le temps est venu de vous concerter pour la défense et la promotion des valeurs éthiques fondamentales, sans lesquelles la stabilité et la prospérité d'un peuple sont condamnées à plus ou moins longue échéance. L'histoire ancienne, l'histoire contemporaine en donnent des preuves aveuglantes. Et ces valeurs fondamentales et permanentes s'appellent le respect sacré de la vie, … D'ailleurs, les générations qui montent commencent à sentir le vide et même l'absurdité d'une civilisation qui se laisserait enfermer dans une triste paradis de la production et de la consommation[12]. »

Il avait ensuite montré que l'Eglise du Gabon avait besoin d'un nouveau souffle pour repartir, mais malheureusement sans vocation religieuse devant le vieillissement du clergé évangélisateur. Il apostrophe dans son homélie du 19 Février à ce stade en disant : « Je suis ici pour vous affermir dans la foi dans votre marche, et tisser des liens de communion plus solides encore entre vous et l'Eglise universelle qui est solidaire de vous … Je ne suis pas venu t'apporter ni or ni argent. Mais ne crains pas. Aie confiance. Au nom de Jésus-Christ, lève-toi et marche[13]. » Le Souverain Pontife a, de cette façon, invité le Gabon à garder l'espérance, celle qui fera naître des choses grandioses si nous croyons vraiment en Dieu et si nous lui sommes fidèles.

En cette année 2023 au cours de laquelle se dérouleront les élections présidentielles, l'Eglise locale du Gabon, par la voix de l'archevêque de Libreville prépare toutes les populations gabonaises à ces échéances électorales en décryptant cette situation de crise en montrant clairement qu' « au regard des maux qui minent notre société (la pauvreté grandissante, l'insécurité, le chômage particulièrement chez les jeunes, le coût de plus en plus élevé de la vie, l'incapacité, pour une grande partie de la population à subvenir aux besoins primaires), et dans le contextes des échéances politiques avenir, notre engagement et notre participation, en tant que baptisés et citoyens sont désormais des urgences que nous ne

---

[11] André KABASELE MUKENGE, *Lire la Bible à l'heure des Eglises du réveil. Acquis et prolongements du Synode africain*, dans TELEMA, n°125-126 (Avril-Septembre 2006), / 06, p.53.
[12] JEAN PAUL II, *discours au Gabon en 1982*, en ligne : https://www.vatican.va/content/john-paul-ii/fr/speeches/1982/february/documents/hf_jp-ii_1982218_popolazione-gabon.html (consulté le 27.03.2023).
[13] ID.

pouvons plus différer[14]. » Il s'agit là d'un appel à une prise de conscience populaire. Ce serait un contre témoignage d'avoir des Eglises pleines le dimanche et fermer les yeux devant la misère du peuple dont la pratique de la foi deviendrait une digression. C'est ainsi que les Eglises dites de réveil trouvent un terrain propice à leur prédication erronée, promettant à cette population majoritairement pauvre un bonheur prescrit dans la Bible et qui ferait l'objet d'un miracle divin.

A cette crise habituelle est venue s'ajouter celle du covid 19 qui a paralysé tous les secteurs et surtout celui de la pastorale. Toutes les églises étaient fermées et même les chrétiens qui n'avaient jamais touché la Bible avaient préféré en avoir une dans la maison, nous ont confié beaucoup, sous forme de protection sans toutefois la lire. Pourquoi ? Parce qu'ils ne savaient pas par où commencer. Comprenons dès à présent que ce sont des affamés, des maltraités et des malades qui viennent à nos églises pour prier et chanter.

Certes, au diocèse de Franceville, les structures pastorales diocésaines existent (conseils presbytéral, des affaires économique, pastoral et le comité des consulteurs) mais elles ne fonctionnent pas dans le sens d'une Eglise famille mais comme des organes de commandement d'un pouvoir diocésain sans retombées pastorales dans les doyennés comme dans les paroisses. Il s'agit dans ce cas d'une organisation qui ferait penser à une Eglise simplement pyramidale ou hiérarchique au lieu d'être une Eglise ouverte où les fidèles trouveraient une place, non pas comme des aides, mais des ouvriers de la vie pastorale et des annonceurs de l'Evangile dans leur milieu qu'ils connaissent parce qu'ils y vivent.

- *Une pastorale paroissiale basée sur les communautés ecclésiales de base (CEB)*

Au diocèse de Franceville, les communautés ecclésiales de base ont été mises en place comme des cellules familiales de chaque paroisse, lieux ordinaires de la vie de chaque jour, en ville tout comme dans le milieu rural. Au village, quatre à cinq familles peuvent constituer une communauté ecclésiale de base. C'est surtout ici que se pose le problème de trouver un catéchiste ou un responsable de la communauté. Quand bien même l'un ou l'autre se présente, il n'a aucune formation pour exercer une telle charge. Une telle personne ne peut donner que ce qu'il possède, peut-être quelques rudiments du catéchisme doctrinal appris depuis son baptême. Les jeunes, désorientés et inquiets de leur vie ne s'intéressent pas souvent aux communautés ecclésiales de base. Ils se rencontrent néanmoins dans certains mouvements d'actions catholiques où ils se découragent, faute d'encadreurs outillés. Souvent, ils perdent assez vite leur enthousiasme du départ et quittent le groupe par manque d'enseignement adapté à eux au rythme de ce temps qui appartient à la modernité. C'est l'exemple de la JEC, du scoutisme … C'est d'ailleurs ce qui fera l'objet de notre analyse dans le deuxième point de ce chapitre.

Actuellement, ces CEB rencontrent des difficultés multiples et se vident. Les anciens membres sont très âgés et d'autres même sont morts. Ce sont des héritiers d'une évangélisation vraiment doctrinale et magistrale que les jeunes générations considèrent comme dépassée au regard des tous ces changements continuels de notre société et ses

---

[14] *Présidentielle 2023 : L'Eglise catholique prête à s'impliquer*, en ligne : http://news.alibreville.com//h/109227.html (consulté le 27.03.2023).

problèmes actuels. Donc, il sied, comme Jean Marc ELA le dit, de « rester à l'écoute des nouvelles générations, en sachant que les réponses données autrefois par les anciens aux questions de vie (…) ne suffisent plus aux jeunes d'aujourd'hui. Ces derniers recherchent une autre logique d'existence. Au sein des communautés de base, il faut prendre en compte les questions et les besoins des hommes de demain : Ils sont les germes où se prépare l'avenir[15]. »

Une commission de catéchèse existe au diocèse de Franceville mais sans guides formés. Une seule Paroisse, Saint Hilaire cathédrale, initie une formation des catéchistes sur un cursus de deux ans, mais le besoin des agents pastoraux spécialement formés reste un problème non négligeable à travers toute l'étendue pastorale du diocèse. La turbulence qu'a connue le diocèse de Franceville ces dernières années, depuis le décès inopiné de son évêque titulaire, n'a pas permis de renouveler ni d'établir un nouveau projet pastoral bien étudié et défini. Les prêtres ne visitent plus les communautés de base et les catéchistes, surtout ceux des villages, se sont découragés pour la plupart et sont retournés à la chasse et aux travaux champêtres.

Ainsi, nous avons pensé, comme nous le proposerons dans ce travail, que la formation des agents pastoraux permettrait de redynamiser ces communautés ecclésiales de base lorsque les fidèles verront chez eux, des personnes outillées pour un enseignement biblique, proches de leur vécu quotidien. Il ne s'agit pas d'ignorer le travail abattu par les premiers évangélisateurs, basé, nous l'avons déjà dit, sur un enseignement doctrinal et qui a connu son temps. Après la description du contexte pastoral dans un cadre général de crise, nous essayerons maintenant d'analyser problème du manque de lecture de la Bible en en dégageant les causes et les conséquences.

I.2. Analyse des causes et des conséquences du manque de lecture de la Bible.

Nous parlerons d'abord des principales causes qui sont d'origine socio-économique, religieuse, et des causes pastorales. Après, nous chercherons à en déterminer les conséquences que provoquent ces causes sur la vie des fidèles en manque de lecture de la Bible.

I.2.1 Les causes

I.2.1.1 Les causes socioculturelles

Il est sûr et certain que la souffrance humaine reste l'une des causes de l'instabilité d'un peuple, sinon, d'une portion du peuple à tout point de vue. La souffrance empêche les fidèles de s'épanouir dans leur pratique religieuse. Ils se livrent à la débrouillardise pour assurer surtout leur vie ménagère et n'éprouvent aucun intérêt à lire la Bible surtout en famille. Une vie sociale instable est à l'origine de la dépravation des mœurs, capable de beaucoup de dégâts surtout dans la jeune génération. D'abord nous essayerons de relever quelques points saillants qui sont à l'origine du relâchement religieux, à savoir, les coutumes qui engendrent le phénomène des « filles-mères » qui s'expliquerait par un taux important

---

[15] Jean Marc ELA et Raphael LUNEAU, *Voici le temps des héritiers. Eglises d'Afrique et voies nouvelles*, cité par Fidèle MABUNDU MASAMBA, *Lire la Bible en milieu populaire*, Paris, Karthala, 2003, p. 39.

de natalité, soit 26,8% en 2022[16] , ainsi que le problème des familles « monoparentales » et « recomposées ». Ensuite, nous parlerons de la crise économique qui a plongé la grande partie de la population gabonaise en général et en particulier du diocèse de Franceville dans la précarité. La famille est une cellule de base d'une société. Si elle n'arrive pas à vivre de bonnes relations de communion, elle se meurt lentement.

Saint Thomas d'Aquin disait « Quid movetur, ab alio movetur : tout ce qui est mû est mû par quelque chose. Tous les faits ont leurs causes ». Les comportements procréateurs de plusieurs adolescents au Gabon sont dus à beaucoup de facteurs dont l'héritage culturel. La tradition a toujours toléré la procréation et les rapports sexuels avant ou hors mariage. Ceci constituerait une preuve de fécondité qui garantit le mariage. Toutes les ethnies des pays africains ne partagent pas cette conception. Beaucoup tiennent à préserver la virginité des filles jusqu'au mariage. Notre but ici n'est pas de faire une analyse sociologique profonde, au risque de nous écarter de notre but. Car, il s'agit de montrer comment les coutumes, à la base d'une société disloquée, peuvent empêcher le bon usage pastorale de la Bible, surtout sa lecture en famille, cette église domestique : « Du fait que la famille chrétienne participe à la vie et à la mission de l'Eglise qui se tient dans une religieuse écoute de la Parole de Dieu et la proclame avec une ferme confiance, elle vit son rôle prophétique en accueillant et en annonçant la Parole de Dieu ; elle devient ainsi, chaque jour davantage, une communauté qui croit et qui évangélise[17]. » Ce phénomène de filles-mères est devenu un véritable problème social et continue à diminuer le contrôle social sur le comportement des jeunes et il est à la base d'un taux de mortalité important des mères adolescentes et de leurs bébés. Depuis 2012 déjà, selon l'EDS-Gabon, la fécondité précoce élevée observée chez les jeunes filles de 15 à 19 ans avait atteint son maximum dans la tranche d'âge de 20 à 24 ans[18], exposée à des maladies sexuellement transmissibles et qui reste non scolarisée. Cette catégorie de personnes reste très vulnérables et « devraient pouvoir accéder à une information et à des services qui les aident à comprendre leur sexualité et à se protéger contre les grossesses non désirées, les maladies sexuellement transmissibles et les risques de stérilité en résultant[19]. »

Un tel cadre social ne facilite pas la lecture de la Bible. Le contrôle familial est presqu'inexistant. Ces jeunes filles-mères cherchent comment nourrir leurs bébés et ne restent jamais au même endroit. Beaucoup d'entre elles abandonnent les bébés chez leurs grands-parents et retournent à la rue, tout simplement parce que les géniteurs sont eux-mêmes sont adolescents, donc irresponsables. Il arrive à certains adultes de nier leurs responsabilités dans les grossesses qu'ils ont provoquées. Nous pensons qu'une bonne sensibilisation à la lecture de la Bible est nécessaire, parce qu'à sa lumière on peut expliquer plusieurs aspects de la vie à la lumière de la Bible, mais comment parce qu'elles ne restent pas à la maison ? Grâce à la lecture de la Bible aussi que la fille-mère gabonaise peut refaire

---

[16] ATLAS MONDIAL DE DONNEES DEMOGRAPHIQUES GABON, en ligne : https://knoema.fr/atlas/Gabon/taux-de-natalité (consulté le 26.03.2023).
[17] JEAN PAUL II, *Familiaris consortio*, § 47.
[18] Léa BIDIONGO MOUSSODO, *Entre cahiers et biberons : les enjeux de la conciliation études/famille des mères adolescentes au Gabon, mémoire pour l'obtention du grade de maitre ès sciences en sociologie*, Université de Montréal, Facultés des études supérieures, 2015, p. 7.
[19] Isaac Paterne NDEMEZOGUE ONDO, *Facteurs explicatifs de la fécondité des adolescentes au Gabon, Mémoire du Master professionnel en Démographie*, Université de Yaoundé II, 2012, p. 2.

sa dignité humaine contre l'idée qui fait d'elle un objet de vente et qui produit des fruits amers.

Parmi ces causes sociales, il y a aussi les cas de la famille monoparentale et celui d'une famille reconstituée. Dans la famille monoparentale, il s'agit souvent d'une fille ayant eu des enfants très tôt, sans une union très stable cohabitante et sans logement autonome. Elle habite chez ses parents avec les enfants et cela n'a toujours pas réussi. Parfois, c'est à cause d'une grossesse subie (divorce ou non connaissance du géniteur). Un jour, avec l'âge, elle est obligée d'aller habiter avec ses enfants issus des géniteurs différents. Voilà un nid à problèmes , visité constamment par plusieurs pères irresponsables. Il est difficile de trouver la mère sur place parce qu'elle est appelée à se débrouiller pour nourrir et scolariser ses enfants. Comment créer de l'attrait à la lecture de la Bible, pour qu'elle nourrisse l' âme d'une telle famille, « un nid dans lequel se développe la délinquance et où les enfants grandissent sans formation et sans éducation, sans références morales et progressivement se transforment en bandits, en braqueurs ou en violeurs[20] » ? Une structure familiale pareille est exposée à plusieurs facteurs de fragilité.

Il en est de même que pour le nombre important des familles recomposées. Suite à un divorce ou à un mariage tardif, il arrive que l'on trouve dans une famille, deux partenaires ayant emmené chacun ses enfants et se retrouvent sur un même toit. Ce déséquilibre dans les relations familiales n'offre toujours pas un cadre à l'épanouissement religieux, pas même à la lecture de la Bible. Sans le vivre ensemble dans une famille, et sans harmonie, il serait difficile de se mettre à l'écoute de Dieu. « L'amour entre l'homme et la femme dans le mariage et en conséquence, de façon plus large, l'amour entre les membres de la même famille-entre parents et enfants, entre frères et sœurs, entre les proches et toute la parenté-sont animés et soutenus par un dynamisme intérieur incessant, qui entraîne la famille vers une communion toujours plus profonde et plus intense, fondement et principe de la communauté conjugale et familiale[21]. » Les enfants élevés dans ces familles ne bénéficient pas d'une attention assez tendre de la part des deux parents car chacun aura la préférence pour les siens issus d'une autre union.

Il reste à noter une peur profonde, dans la population, causée par le phénomène d'envoutement et de la sorcellerie. Lire la Bible ne servirait à rien lorsque le mal agresse visiblement l'innocent et la solution la plus rapide est celle de recourir immédiatement au devin appelé « le nganga ». C'est le seul capable, croient-ils de désenvouter en faisant un retour du mauvais sort à l'expéditeur. C'est en quelque sorte une revendication culturelle lorsque les victimes partent consulter ces nganga, contre la Bible qui tarde à répondre à leurs préoccupations sociales. Cette crise socioculturelle va de pair avec la crise économique au Gabon. En quoi est-elle un obstacle à la lecture de la Bible ?

---

[20] Une citation tirée du discours du maire du 3e arrondissement de Libreville dans le journal, en ligne : https://fr.allafrica.com/ du 16.10.2007 consulté le 22.03.2023).
[21] JEAN PAUL II, *Familiaris Consortio*, § 18.

I.2.1.2 Les causes économiques.

C'est depuis le milieu des années 1980 que le Gabon commençait à connaitre une baisse tendancielle de son économie et surtout de sa manne pétrolière, jusque-là principale source de revenus pour la Nation. A nos jours, cette baisse est effective, accompagnée de beaucoup d'autres problèmes économiques, sources des tensions sociales et politiques grandissantes, lesquelles sont à la l'origine de plusieurs manifestations contre les gouvernants : il n'a pas de travail et le chômage a atteint son paroxysme : « Le chômage, estimé à 20,5 % en 2020, reste élevé, notamment pour les jeunes, exacerbant la pauvreté, qui était estimée à 33,4 % en 2017. Le déficit budgétaire s'est creusé, passant de 2,1% en 2020 à 3,4 %[22] ». Ceux qui travaillent bénéficient d'un traitement en dessous de leurs charges familiales avec des retombées sont énormes. Les enfants en âge de scolarisation ne fréquentent pas l'école, quand bien même l'école primaire est gratuite mais il y a d'autres frais pour acheter la tenue scolaire, le transport, l'A.P.E (association des parents d'élèves) etc… Ces mauvaises conditions de vie, l'avons-nous signalé, sont à la base du vagabondage des jeunes qui se laissent aller à la drogue avec toutes ses conséquences comme le braquage, la débauche, le trafic d'enfants, la tuerie etc... . Les jeunes qui sont à l'université n'ont presque pas de bourse, les fermetures intempestives de l'université avec un cursus très irrégulier. Le secteur agricole est négligé ainsi que le secteur pourvoyeur d'emploi faible. Ces effets de la crise économique ont un impact très négatif sur les populations qui vivent sous la voûte d'une paupérisation indescriptible.

Cette précarité conduit à la débrouillardise. Les parents cultivent sur de petites surfaces, juste pour la subsistance sans pouvoir compenser l'insuffisance de cette ressource. Du matin au soir, les parents vaguent aux travaux champêtres et n'ont pas le temps de rester avec les enfants. Comment avoir de l'intérêt pour la lecture de la Bible en famille lorsque tout le temps est consommé par de telles tracasseries ménagères ? Il existe une coutume chez nous au Gabon qui défend aux gens d'aller en forêt le jeudi et tout celui qui enfreint à cette coutume risque de se voir sanctionné par les mauvais génies de la forêt qu'il rencontrerait et qui lui infligeraient des amendes en sacrifices. Un autre jour c'est le dimanche, considéré comme jour du Seigneur.

Comprenons en général qu'une crise économique de ce genre constitue un défis important pour l' épanouissement de la vie chrétienne en Afrique et particulièrement au Gabon. Déjà en 1994, le rapport du cardinal Hyacinthe Thiandoum disait qu'« une situation commune est, sans aucun doute, le fait que l'Afrique soit saturée des problèmes dans presque toutes les nations. Il y a une misère épouvantable, une mauvaise administration sociale. Le résultat est sous nos yeux : misère, guerre, désespoir. Dans un monde contrôlé par les nations riches et puissantes, l'Afrique est pratiquement devenue un appendice sans importance, souvent oublié et négligé par tous[23]. » Il ne s'agit pas ici d'une sorte de procès à l'endroit de ces grandes puissances étrangères car le grand tort est à infliger aux dirigeants africains qui

---

[22] GROUPE DE LA BANQUE AFRICAINE DE DEVELOPPEMENT(GBAD), *Développements macroéconomiques récents*, en ligne : www.afdb.org/fr/countries/central-africa/gabon-economic-outlook (consulté le 22.03.2023).
[23] *Rapport du cardinal Hyacinthe Thiandoum*, dans *Documentation catholique*, cité par Fidèle MABUNDU MASAMBA dans, *Lire la Bible en milieu populaire*, p.31.

gouvernent toujours à leur profit, spoliant les richesse d'un intérêt national, détournant et vidant les fonds du trésor public. En dehors des causes socioculturelles et économiques qui empêchent la lecture de la Bible, il y en a aussi au niveau de la pastorale.

I.2.1.3 *Les causes pastorales.*

I.2.1.3.1 Manque de formation des agents pastoraux.

Nous avons déjà évoqué l'instabilité pastorale qu'a connu le diocèse de Franceville depuis le décès de son ancien évêque titulaire, Monseigneur Timothée Modibo Nzockena en Avril 2016. Aucun plan pastoral n'a plus été élaboré. Le tout dernier, un plan pastoral triennal nommé « pour une Eglise famille de Dieu » s'achevait avec sa mort. Les commissions mises en place n'étaient plus efficaces depuis quelques années. Même la commission permanente, chargée des enseignements bibliques était resté de nom, faute de personnes de références outillées. Cette formation devrait concerner les catéchistes, les responsables de communautés ecclésiales de base, les responsables de groupes et mouvements d'action catholiques. La Bible constitue une source principale d'inspiration pour la vie et son utilisation demande une formation. Elle n'est pas un livre comme tous les livres, il a un code. Pour le déchiffrer, une faudrait une initiation. Lorsque les agents pastoraux ne sont pas formés, il leur sera difficile d'aider les autres.

Le diocèse de Franceville n'a pas beaucoup de prêtres face à l'étendue de son bassin pastoral. L'apport des chrétiens laïcs s'avère important dans la charge pastorale. Dans beaucoup de communautés, surtout rurales, ce sont les catéchistes qui sont chargés de toute la pastorale sauf la célébration des sacrements. Les communautés sont lointaines et toutes les routes sont très abîmées. Les prêtres et les religieuses sont très irréguliers dans ces villages. Ce qui fait que les personnes de référence sont des catéchistes qui n'ont pas que la catéchèse à enseigner mais aussi la responsabilité de diriger le culte sans prêtre ainsi que celle de toute la communauté. Où trouver ces catéchistes dans nos villages ? Nous les choisissons parmi les gens les plus éveillés comme les instituteurs. Il faudrait encore qu'ils soient catholiques. Malheureusement, ce sont des personnes qui n'ont que les rudiments de leur catéchisme appris depuis leurs sacrements d'initiation. Ils n'ont pas une formation biblique comme telle.

Il y a eu, au diocèse de Franceville, des catéchistes ayant bénéficié d'une formation doctrinale de la part des premiers missionnaires, nécessaire pour leur temps mais il faudra la repenser, lui donner un contenu biblique et l'adapter aux personnes et à leur vécu. Malheureusement, ces catéchistes qui sont d'ailleurs devenus trop âgés, sont restés tributaires d' « un patrimoine catéchétique » sans évolution, hérité de premiers missionnaires évangélisateurs. Cette formation élémentaire et conceptuelle est devenue insuffisante, la méthode ancienne de questions-réponses basée sur l'oralité. « Malheureusement, cette méthode est encore de mise aujourd'hui. Au fond, les catéchistes sont amenés à adhérer à un ensemble monolithique dans lequel tout est parfois mis sur un même plan, qu'il s'agisse des vérités fondamentales de la Foi ou de simples comportements sociologiques.

En outre, les catéchistes sont en général obligés de tâtonner ou de se taire sur des questions qui ne figurent pas clairement dans le catéchisme. Nous pensons par exemple aux préoccupations quotidiennes qui interpellent aussi la foi de chacun : la pauvreté, la situation des divorcés remariés, la maladie, la mort etc. Leur formation insuffisante les laisse souvent démunis, sans esprit critique ni arguments plausibles, par exemple devant les partisans des nouveaux mouvements religieux dont le succès se nourrit incontestablement de l'effarante inculture biblique des chrétiens catholiques[24]. » Tout ceci rend la foi muette et inerte, une foi qui ne se renouvelle pas au rythme de la vie courante.

Nos catéchistes, lorsqu'ils lisent la Bible, c'est de manière à instruire tout simplement les fidèles qui se sentent à leur tour obligés d'accepter ce que « le maître a dit ». Dans ce sens, la Parole de Dieu reste un miracle très éloignés d'eux tel que le ciel est éloigné de la terre et n'a rien à avoir avec eux et leur vie. La lecture authentique de la Bible devrait être un partage à partir des expériences des croyants, chacun étant porteur d'une expérience de vie personnelle. D'où l'importance d'une formation. « Les animateurs bibliques devraient quitter la conception totalisante et un peu magique de la foi qu'ils présentent encore, et la comprendre dans la logique d'une quête incessante d'un perpétuel questionnement. Car, même si la foi naît de l'écoute de la Parole et s'affermit en communauté, elle est aussi un don de Dieu, elle concerne chaque croyant qui perçoit et vit Dieu en fonction de ce qu'il est et de son expérience personnelle. En ce sens, n'est pas l'individu qui devrait être mis en place du problème de Dieu et qui pourrait choisir ?[25] »

Actuellement aussi, dans nos villages, ce sont les quelques rares enfants ou petits-enfants ayant été aux côtés de leurs parents ou grands-parents qui s'imposent comme catéchistes initiés, mais être catéchiste n'est pas fondé sur une quelconque loi successorale. L'importance d'une formation s'impose.

I.2.1.3.2 Le cléricalisme des prêtres

Certains prêtres, surtout des curés considèrent les paroisses comme leurs entreprises privées. Ils fonctionnent en hommes à tout dire et à tout faire. Ils considèrent les fidèles laïcs comme des aides soumis à la dictée et aux ordres de leur patron. C'est à cause de cette attitude qu'ils refusent, étant crispés, certaines responsabilités dans la paroisse parce que l'ombre du curé plane partout. « Nous pouvons même parler d'une certaine résignation. En effet, on voit parmi les fidèles laïcs que ceux qui voudraient assumer des tâches n'osent pas toujours le faire. Ils se sentent mentalement trop incompétents non seulement parce qu'en réalité ils n'ont jamais été responsabilisés, mais aussi parce que les prêtres et les religieuses leur ont appris qu'ils n'en avaient ni la capacité ni le droit. L'Eglise est pensée, vécue et organisée de telle manière que tout ministère officiellement reconnu se réfère au clergé. Cela provoque une démobilisation chez les fidèles[26]. » Or, une telle conception de la charge pastorale ferait [27]du prêtre plus un détenteur d'un pouvoir dominateur qu'un gardien et guide du peuple. C'est une attitude que l'on rencontre aussi chez certains anciens catéchistes malheureusement, un caractère acquis de leurs anciens curés. Dans une Eglise où les relations entre clercs et laïcs ne sont pas soignés, on n'en trouvera pas non plus de bonnes entre clercs

---

[24] Fidèle MABUNDU MASAMBA, *Lecture de la Bible en milieu populaire*, p.48.
[25] *Ibid., p.50.*
[26] *Ibid., p.56.*

eux-mêmes. Lorsque les chrétiens se sentent comme des inférieurs, sans avis ni discernement, ils sont amenés à l'exode vers les Eglises de réveil où les inégalités sont étouffées.

Le Pape François, dans son Motu proprio « Spiritus Domini » encourage les femmes à avoir accès à certains ministères dont le lectorat : « Ces ministères laïcs, étant fondés sur le sacrement du baptême, peuvent être confiés à tous les fidèles qui ont l'idonéité requise, de sexe masculin ou féminin …[28] » Certes il ne s'agit pas de cléricaliser les laïcs, mais les appeler à un peu plus de responsabilité pastorale. Et cela est bien venu dans le diocèse de Franceville où il y a carence des ministres ordonnés. D'ailleurs, le concile Vatican II a bien voulu corriger cette conception très cléricale : « Le sacerdoce commun des fidèles et le sacerdoce ministériel ou hiérarchique, bien qu'ils diffèrent par essence et pas seulement par degré, sont cependant ordonnés réciproquement ; l'un et l'autre, en effet, chacun selon son mode propre, participent de l'unique sacerdoce du Christ[29]. »

Dans une paroisse, cette attitude conseillée par la constitution dogmatique n'aura d'efficacité que sur la disponibilité du prêtre responsable de la pastorale, en occurrence le curé. Il y a des prêtres qui, pour les quelques fois qu'ils arrivent à la réunion d'une communauté ecclésiale de base, imposent les lectures bibliques choisies par eux-mêmes aux chrétiens réunis, sans connaitre leurs problèmes. Cette manière de faire enlève même la spontanéité que les fidèles peuvent avoir dans les échanges. C'est une attitude qui pousse les fidèles à abandonner les communautés. Il ne se retrouvent pas car la Bible ne leurs parle pas, et que eux n'ont rien à y apporter. Donc, pour susciter de l'intérêt à lire la Bible chez les fidèles, il faudra conscientiser les clercs.

I.2.1.3.3. La faible participation des fidèles aux réunions des CEB et aux mouvements d'action catholique

Les CEB et les mouvements d'action catholiques sont des lieux où la parole de Dieu est lue et devrait être partagée. L'absence aux CEB (communautés ecclésiales de base) et aux MAC (mouvements d'action catholique) fait manquer une de ces possibilités de fréquenter la parole de Dieu. Pourquoi ?

- Faible participation aux CEB

Les fidèles, dans leurs communautés ecclésiales de base, se sentent abandonnés, sans visites des prêtres. Les anciens responsables, dans la plus part de nos communautés de base, sont âgés et n'ont plus d'aptitudes pour encadrer les fidèles. Leur méthode de conduire le groupe ne correspond plus aux attentes des uns et des autres. Dans ce lieu, beaucoup de chrétiens disent qu'ils n'ont personne pour leurs lire la Bible car eux-mêmes ne savent comment s'y prendre. Ils sont habitués à écouter une seule personne qui lit et qui explique, comme le font les prêtres et leurs collaborateurs à l'Eglise. C'est ce qui est vrai car tous ces responsables des communautés ont hérité de l'ancienne méthode d' un enseignement magistral qui font d'eux des seuls possesseurs des connaissances bibliques devant les autres

---

[28] FRANCOIS, *Motu Proprio, en ligne,* https://www.vaticannews.va/fr/pape:news:2021-01/pape-françois-motu-proprio-femmes-lectorat-acolytat.html (consulté le 22.03.2023).
[29] CONCILE VATICAN II, *Lumen Gentium*, § 10.

qu'ils doivent instruire. La Bible ne parlent pas à ces chrétiens dans leur milieu et ils ne peuvent pas s'exprimer. Normalement, la Bible devrait constituer, dans ces communautés, un élément de communication vitale. C'est ainsi que beaucoup se laissent prendre par les fidèles d'autres nouveaux mouvements religieux qui viennent jusqu'à eux, se faisant proches. Ils leurs disent que les prêtres de l'Eglise catholique cachent les secrets de la Bible à leurs fidèles en se faisant les seuls maitres. Nos fidèles désertent ainsi les CEB.

Un autre élément à la base de la désertion des fidèles de CEB trouve son origine dans la crise généralisée qui maintient les populations dans la précarité. C'est ce que nous avons essayé de décrire déjà dans le contexte pastoral général. Les personnes se demandent où se trouve même le Dieu de la Bible devant toutes ces injustices sociales, cette crise économico-sociale qui rend les personnes vulnérables ? Quel est ce Dieu de philanthropie dont on parle ? Les fidèles sont déboussolés et n'éprouvent aucun intérêt pour la Bible, ils vivent un sentiment de révolte et vident les CEB .

- Faible participation aux mouvements d'action catholique (MAC)

Il en est de même pour, les groupes et mouvements d'action catholiques. Le message biblique ne saurait être Parole de Dieu que s'il touche aux problèmes de la vie. Les jeunes qui, pour la plus part d'entre eux d'ailleurs, manquent un encadrement familial n'ont plus de profit à rester dans leurs groupes de vie paroissiale parce que la vie est devenu incertaine. Ils ne trouvent plus de repaires ni chez leurs parents ni chez les encadreurs dans leurs mouvements d'action catholique. Ils préfèrent quitter. Pourtant, la Parole de Dieu serrait une lumière sur leur route (Ps 119, 105). Comment leur faire découvrir son goût et sa saveur ? Que faire pour que les jeunes trouvent leur compte dans ces groupes et mouvements d'action catholique à partir des thèmes adaptés et éclairés par la Bible ?

Après avoir montré toutes ces causes qui sont à la base du manque de lecture de la Bible, voyons maintenant quelles en sont les conséquences sur les fidèles au diocèse de Franceville.

I.2.2 *Les conséquences.*

I.2.2.1 *Les fidèles se privent de ce qui aide à vivre et à grandir dans la foi*

La Parole de Dieu apporte de la nourriture spirituelle pour l' âme. Notre foi a comme source d'inspiration la Bible. Notre foi est aux prises de beaucoup d'agressions extérieures comme celles des courants idéologiques que connait le monde d'aujourd'hui. Elle est exposée à beaucoup d'autres sollicitations qui demandent une force de résistance. Le contenu de la Bible nous fortifie, la Parole de Dieu augmente notre capacité de croire, de rester fidèles à Dieu surtout au moment des épreuves. La Parole de Dieu est pour l'âme, ce que la sève est pour la Plante. Elle est « la santé pour les muscles et un rafraîchissement pour

les os » (Proverbes 3, 8). De son côté, l'apôtre Jacques conseille d'écouter et de réaliser la Parole en ces termes : « Aussi, débarrassés de toute souillure et de tout débordement de méchanceté, accueillez avec douceur la Parole plantée en vous et capable de vous sauver la vie. » (Jacques 1, 21) Les seules homélies que les fidèles catholiques écoutent à l'église sont tout de suite oubliées. Ils sont inertes devant quelqu'un qui leur parle et ils ne peuvent pas intervenir, rite oblige. Il leur faut d'autres lieux où ils peuvent se sentir à l'aise de lire eux même et comprendre la Bible à partir de leur milieu et leurs problèmes. Les homélies souvent ne sont pas adaptées et elles sont magistrales. Elles ne sont pas dans leur langage. C. Geffré écrit que « la catéchèse a toujours pour but de faire retentir une parole qui soit pour d'autres « esprit et vie ». Si la Parole de Dieu n'est pas contemporaine de l'auditeur d'aujourd'hui, elle n'est déjà plus la Parole de Dieu. La révélation en effet n'est pas un savoir du passé ; elle n'atteint son sens et son actualité que dans la foi qui l'accueille[30]. »

1.2.2.2 *Les fidèles sont peu armés contre les difficultés de la vie*

Jésus, en proclamant la Parole de son Père, est passé partout en faisant le bien. Il s'est révélé soucieux des difficultés humaines. Il s'est occupé du problème de la souffrance, de la maladie (Luc 4, 38-39), de l'envoûtement (Marc 5, 1-20). C'est dans ce sens que l'Eglise a institué le sacrement des malades, pénitence et réconciliation. Les prêtres , vont-ils continuer à attendre les malades sans aller aussi à leur rencontre ? C'est là une grande faiblesse de l'Eglise catholique de croire qu'il n'y a que les ministres ordonnés qui sont habilités à soulager ces souffrants alors qu'ils ne se font pas proches de ces gens en difficultés.

Est-ce que le ministère de guérison est encouragé dans l'Eglise catholique ? Ces fidèles qui tombent malades ne savent pas comment trouver du soutien en lisant la Bible. Ils ne prient pas avec les mots de la Bible. Beaucoup sont tentés de quitter l'Eglise pour aller vers d'autres mouvements religieux qui utilisent la Bible à tort ou à raison mais ils continuent d'attirer les masses, ils multiplient les œuvres de charité en se faisant proches de ceux qui souffrent. La maladie est capable de modifier le comportement de quelqu'un qui était bien au départ. Par exemple, il suffit d'avoir été annoncé de la présence d'un cancer en soi-même, brutalement ou pas, pour basculer, soit dans la méchanceté soit dans la répugnance, la solitude.

Certaines personnes connaissent des chutes rudes dans leur vie sans remontés fastueuses. La Parole de Dieu serrait pour elles une source de réconfort. « Ne crains pas car je suis avec toi, n'aie pas ce regard anxieux, car je suis ton Dieu. Je te rends robuste, oui, je t'aide, oui je te soutiens par ma droite qui fait justice. » Esaïe 41,10. Au moment des difficultés de la vie, la Bible est un vrai guide. Si nous nous sentons aimés de Dieu, ce n'est pas à cause du nombre de faveurs qu'il nous accorde, mais sur sa Parole. C'est cette même Parole qui relève et donne l'assurance d'être exaucé. Dieu n'est pas sourd, même lorsqu'il nous semble muet« Non, il ne dort pas, ne sommeille pas, le gardien d'Israël » Psaumes 121,4. En lisant , mes désirs peuvent se mettre en place et mon espérance se creuser. Oui, la Bible n'est pas lue. C'est loin d'être un échec apostolique si nous relançons le filet pour repartir.

---

[30] Claude GEFFRÉ, *La révélation comme histoire. Enjeux théologiques*, cité par Fidèle MABUNDU, *Lire la Bible en milieu populaire*, p. 78.

I.2.2.3. Les fidèles sont peu armés face aux fidèles de nouveaux mouvements religieux

Dans l'Eglise catholique, les fidèles n'ouvrent presque pas la Bible eux-mêmes pour la lecture. Devant les fidèles de nouveaux mouvements religieux, ils ne peuvent pas se défendre, parce qu'ils ne savent par où commencer, ne sachant ni lire ni interpréter la Bible. Ces gens arrivent devant eux avec quelques versets, souvent isolés de leur contexte, et qu'ils ont retenus pour des discussions dans le but de persuader à accepter et vaincre. Désarmés, nos chrétiens catholiques empruntes facilement ce chemin de l'exode vers ces autres Eglises.

Parmi les nouveaux mouvements religieux qui constituent une force d'attirance aux fidèles catholiques, il y a les Eglises dites de réveil au Gabon. Ces mouvements sont divers, avec des motivations et objectifs différents. Leurs prestations paraissent sous des manifestations fortement variées.

Avec l'avènement de la démocratie en Afrique et particulièrement au Gabon, la conception de la liberté de culte est allée dans tous les sens. C'était l'occasion donnée à toute personne de se dire envoyé de Dieu et de fonder une Eglise, prêcher la Parole et prétendre donner des solutions à tous les problèmes de souffrance, surtout à la maladie et à la mort. C'est dans cette option que beaucoup d'hommes et des femmes y adhèrent. Ils sympathisent très facilement et ceci constitue leur grande force d'attirance pour les fidèles catholiques. Ils se constituent en une Eglise très chaleureuse et accueillante, qui pratique l'assistance mutuelle. Selon Jean Vernette, ces Eglises ou nouveaux mouvements religieux se caractérisent par : « une aliénation des personnes par pression morale et conditionnement psychologique qui ne respecte pas la liberté de décision, pression particulièrement nocive quand il s'agit du jeûne durant la fragile période de structuration du moi. Exemple : multiplication des réunions, des séances consacrées à l'étude des documents du groupe et de son leader, culpabilisation sur le passé, la peur de l'avenir, enveloppement affectif, proposition des sessions isolées propres au matraquage idéologique, abdication de la décision personnelle entre les mains du maître. Manipulation de la Parole de Dieu pour étayer la doctrine du mouvement au prix de de simplifications abusives[31]. »

Nous n'avons pas l'intention de faire une étude systématique de tous ces nouveaux mouvement religieux, mais nous allons nous arrêter sur quelques-uns, en décrivant leur manière d'utiliser la Bible selon une méthode suicidaire que les théologiens appellent « fondamentaliste ».

Le plus ancien en territoire gabonais s'appelle la « Tour de Garde ». C'est le mouvement le plus connu qui excelle dans des prophéties qui ne s'accomplissent jamais. Ils prédatent les évènements catastrophiques, la désintégration des éléments cosmiques qui précède la fin du monde toute proche. Il se basent sur la Bible qu'ils manipulent à leur goût, pour gagner des adhérents. Quelle est leur méthode ?

Ils s'appellent les « témoins de Jéhovah », généreux et généralement éloquents. Ce sont des braves personnes mais souvent très peu instruites. Ils partagent cette obsession que

---

[31]Jean VERNETTE, *Sectes. Que dire ? Que faire ?*, Paris, Salvador, 1994, p. 20.

ce monde va bientôt finir et que Jésus-Christ revient très bientôt et fixe même la date de son retour imminent, précédé par le grand désastre sur toute l'humanité. D'où l'appel à une conversion sans délais : devenir témoin de Jéhovah car toutes les recherches sont vaines et n'aboutissent à rien. Pour décrire ce paradis nouveau, les témoins de Jéhovah se justifient à partir des textes tirés de la Bible de leur propre traduction (Traduction du monde nouveau), attestant son arrivée imminente en ces termes :

« 'Bientôt, quand le gouvernement céleste de Dieu exercera son autorité sur l'ensemble de l'humanité, la terre deviendra un endroit où il fait bon vivre. Ses habitants entretiendront des relations harmonieuses et auront un travail agréable et pleinement satisfaisant. A la tête de ce gouvernement mondial, Dieu a nommé Jésus Christ. Contrairement à de nombreux dirigeants de notre époque, Jésus prendra à cœur les intérêts de ses sujets. Sa domination aura pour fondement l'amour. Ce sera un roi bon, compatissant et juste ' (Isaïe 11, 4).

' La nouvelle société humaine ne sera pas divisée par des sentiments d'appartenance nationale ou ethnique. L'humanité formera un peuple unique et uni (Révélation 7,9-10). Tous les habitants de la terre aimeront Dieu et leur prochain. Ensemble et dans la paix, ils feront ce que Dieu avait prévu que les humains fassent à l'origine : s'occuper avec soin de leur habitat, la terre ' (Psaumes 115, 16).

' Tous seront en parfaite santé. Personne ne tombera malade, ne vieillira ni ne mourra (Isaïe 35 :5,6). L'environnement sera aussi propre et splendide qu'il était dans le jardin d'Eden. Et comme en Eden, dans le monde nouveau, le sol produira de la nourriture en abondance (Genèse 2, 9). Tous les habitants de la terre mangeront donc à leur faim. Comme les Israelites de l'Antiquité, tous 'mangeront leur pain à satiété ' (Lévitique 26, 4-5).

' En ce moment même, des millions de gens se préparent à vivre ce nouveau départ de l'humanité. Bien qu'imparfaits, ils s'efforcent déjà d'être le genre de personnes que Dieu acceptera dans son monde en apprenant à le connaître lui et Jésus Christ '(Jean 17, 3).

' Aimeriez-vous en savoir plus sur ce qu'il faut faire pour survivre à la fin de ce monde et vivre dans le monde meilleur *très proche ? Si oui, acceptez les cours bibliques gratuits que proposent les témoins de Jéhovah ' [32]».* Ils promettent de cette façon, le paradis sur terre, précédé par des temps difficiles à supporter, et Dieu aurait déjà fixé le jour et l'heure où il mettra fin à ce monde désagréable[33]. Voilà un Dieu de nos frères, les Témoins de Jéhovah, un Dieu vengeur qui viendrait exterminer la terre, un Dieu sans le salut promis en Jésus Christ ! Pourtant, son Royaume n'est même pas de ce monde pour qu'il se comporte en Tout Puissant exterminateur (Jean 18, 36), et sa puissance ne pourrait pas se mesurer à la puissance des rois de ce monde.

Les témoins de Jéhovah sont tous itinérants et évangélisent de porte en porte, fréquentent les endroits difficilement accessibles, les endroits où se trouve la misère. C'est

---

[32] Témoins de Jéhovah, en ligne : www.jw.org (consulté le 23. 03. 2023).
[33] *ID.*

souvent à des gens ordinaires qu'ils s'adressent et qui constituent leur cible. Ils exercent sur eux une pression psychologique et ils ont une conception religieuse particulière qui « constitue un des éléments de la rationalité du mouvement et de l'emprise qu'il exerce sur ses membres. Rationalité qui consiste dans le modelage d'un individu destiné à réaliser l'objectif d'une expansion continuelle et méthodique de l'association, par la diffusion de l'imprimé[34]. »

Ils ont une Bible adaptée pour résister, imprégner de leur idéologie, celle de leur organisation parce que Dieu ne laissera jamais, pensent-ils, les hommes qu'il a créés sans aucune organisation. Donc on n'a pas le droit de s'opposer à leurs prédication sous peine des sanctions divines. « S'opposer aux enseignements ou s'interroger sur leur validité, c'est donc s'opposer à Dieu, et courir le risque de connaitre le sort terrible de ceux qui, dans la Bible, ont osé s'opposer à Jéhovah[35]. » Le plus souvent, ce sont les extraits du livre d'apocalypse qu'ils emploient littéralement, sans aucune analyse, pour un enseignement inadéquat. Depuis 30 ans, il y a eu des révoltes et des guerres, des éruptions volcaniques et tant d'autres catastrophes naturelles et cela n'en finira pas et cela continue jusqu'à nos jours. D'ailleurs, la Bible dit : « Mais ça ne sera pas encore la fin » (Mat. 24, 6).

Un autre thème important qui caractérise la prédication des témoins de Jéhovah est celui du Paradis. Il considèrent celui du livre de la Genèse comme perdu et le nouveau, le paradis reconquis arrive, pour leurs convertis à la tour de garde, où il n'u aura plus de misère ni souffrance, un paradis nouveau où le lion habitera avec la gazelle sans problème ni rivalité, un monde sans maladie, en bref, le ciel sur la terre. C'est la Bible qui est la solution à la prospérité.

Si nos fidèles ordinaires étaient initiés à une lecture crédible de la Bible, ils seraient fermes dans leur conviction et éconduiraient avec délicatesse ces braves prédicateurs en leurs disant qu'ils ont déjà aujourd'hui assez de soucis pour ne pas en ajouter sur le discours de la fin des temps, surtout que la date qu'ils donnent varie toujours et leur discours reste le même. Concernant cette fin du monde, ils disent qu'il faut se presser à se convertir pour être sauvé en entrant dans l' « arche du salut » dont l'ouverture et la fermeture reste commandée par les témoins de Jéhovah. Mais pourquoi réussissent-ils souvent ?

Ces prédicateurs ambulants profitent du contexte général de crise au Gabon et qui leur est favorable. Ils ont même considéré la crise du covid19 comme un grand signe de la punition divine et révélatrice d'une fin imminente. De cette manière, les témoins de Jéhovah présentent un intégrisme biblique très agressif et réussissent là où les catholiques ne le peuvent pas.

Un autre cas de nouveau mouvement religieux, cause d'attrait de nos chrétiens catholiques est du côté des églises dites de réveil et qui compte par des centaines d'adhérents au Gabon. Toutes ces églises utilisent la Bible et la font lire littéralement à leurs fidèles pour en tirer diverses interprétations. Ce sont, pour en citer quelques-unes, l'église de Nazareth, de Bethel, l'église de la Parole parlée, la chapelle des vainqueurs … et elles

---

[34]Jean VERNETTE, *Sectes … Ibid.*, p. 73.
[35] *Ibid.*, p. 75.

continuent de proliférer sur toute l'étendue du territoire national gabonais sous des appellations différentes. Elles profitent du côté faible de l'Eglise catholique pour se répandre partout. Ces points faibles seront plus ou moins détaillés dans les causes pastorales. Mais, nous notons ici le manque de lecture de la Bible chez les fidèles catholiques. Les leaders de ces églises encouragent la lecture de la Bible, même si cette lecture est exposée à des interprétations suicidaires. Souvent, pour mettre fin à toute discussion, leur argument de valeur, dit A. Kabasele Mukenge, « c'est biblique [36]». Il cite même en exemple, une dame qui était convaincu qu'à l'origine, Dieu prescrivit aux humains de ne pas consommer la viande, ainsi avait-elle imposé un régime végétarien à ses enfants pendant des années :

> « Je convenais avec elle de ce fait attesté dans la Bible, précisément dans le livre de la Genèse (1,29), mais je la renvoyais à d'autres textes qui, indiquant une évolution, permettaient aux humains de consommer de la viande (Gn 9,3). Je lui parlais même de la fête juive de pâque où l'on mangeait l'agneau (Ex 12), je passais en revue de nombreux épisodes où Jésus lui-même consomme du poisson, et je finissais par l'image de l'agneau pascal abondamment illustrée dans le Nouveau Testament. Ma démonstration n'y fit rien. Les convictions étaient bien solides et l'argument indétrônable : c'était « biblique »[37] »

Nous l'avons déjà relevé que dans notre contexte africain où se vit une situation sociale sans précédent, la tentation est d'aller chercher des solutions dans la Bible, à partir des versets choisis à son profit et qui constitueraient une recette contre ses malheurs. Ils se proposent de soigner toute sorte des maladies et prétendent donner des solutions, par la Bible, à tous les problèmes de la vie, surtout libérer de la pauvreté, de la maladie et de la mort. Ils sont très proches de leurs adeptes et très attentifs à leurs besoins de première nécessité. Mais ils prêchent une conduite alimentaire et vestimentaire très austère qui garde le fidèle en état de pureté permanent.

Concernant l'utilisation de la Bible, ils aiment surtout les lettres de Saint Paul, pour se donner une ligne de conduite dans la vie ordinaire ainsi que pendant les prestations. Par exemple, 1 Co 11, 2-16 sur le port du voile chez la femme. Ainsi, les leaders des églises de réveil demandent à leurs fidèles femmes de se couvrir la tête et de porter les vêtements jusqu'aux pieds pour respecter leur corps.

> « En parlant du bon ordre dans l'assemblée , Paul, dans cette première lettre aux Corinthiens, demande aux femmes de se couvrir la tête pour prier et prophétiser (11, 2-16). Lus hors contexte, ces versets nous semblent choquants. Mais pour Paul, il s'agit de sauver l'essentiel : que dans l' assemblée chrétienne, les femmes peuvent « prier » - n'oublions pas que ceci va à l'encontre de la pratique juive qui interdit aux femmes de participer au culte ! – et « prophétiser » - ce n'est pas peu : le prophète parle et enseigne au nom

---

[36] KABASELE MUKENGE André, *Lire la Bible aujourd'hui, risques, défis et enjeux pour une société en crise*, dans *Revue africaine des sciences de la mission*, n° 16 (2002), p. 105.
[37] *Ibid.*, p. 105-106.

de Dieu ! Les arguments que Paul donne sont divers : celui de l'origine, « *la tête de tout homme, c'est le Christ ; l'origine de la femme est l'homme ; et l'origine du Christ est Dieu* » ; de l'ordre de la création : « *ce n'est pas l'homme en effet qui a été tiré de la femme, mais la femme de l'homme* ». Finalement, en voyant la difficulté de trouver un argument valable, il lâche prise : « *jugez-en vous-mêmes !* » Puis, il reprend avec un argument tiré de la culture ambiante, « *c'est une   honte pour l'homme de porter les cheveux longs* ». Certainement, ces directives doivent être lues dans son « lieu natal » : Paul essaie de répondre à des questions pratiques d'une communauté, sans vouloir poser une règle universelle et pérenne[38].

Une telle manière de lire et d'interpréter les Saintes Ecritures enlève aux femmes leur liberté et les soumet à   diverses manipulations. C'est l'importance de prendre toujours chaque passage de la Bible dans son contexte car, généralement, tout texte sorti de son contexte peut devenir un prétexte. Par ailleurs, les leaders de ces églises dites de réveil rançonnent les fidèles sous des méthodes diverses. Ils ont souvent des intentions plus commerciales que missionnaires en hameçonnant quelques, par exemple, ces deux versets de la Bible qu'ils appliquent à leur avantage : « *l'ouvrier mérite son salaire* » (Luc 10,7), ou encore « *car Dieu aime celui qui donne avec joie* » (Corinthiens). Mettant ces versets à profit, ils font faire à leurs fidèles plusieurs quêtes au cours d'un culte, et chacune avec un motif ecclésial quelconque. Sinon, lorsque l'un ou l'autre s'improvise prêcheur dans un marché, il passe, à la fin de sa prédication, de marchande à marchande (car c'est surtout chez les femmes) récolter le fruit du travail. Il existe de nombreuses dérives dans leurs lieux de culte, ils « commercialisent au prix de l'or l'huile d'onction, exorcismes, révélations divines ou remèdes de guérison. Les pasteurs de ces églises se sont enrichis de façon illicite et vertigineuse...[39] ». Ces pasteurs comptent sur leur qualité oratoire pour persuader. La plupart de ces leaders que l'on appelle bishop, prophète, pasteur ou apôtre s'expriment dans une langue que les autochtones ne maitrisent pas mais se contentent d'un traducteur et cela augmente son prestige et sa grandeur. Un autre journaliste gabonais écrit : « Les diverses interprétations de la Bible restent l'un des facteurs les plus saillants de la multitude d'églises dites de réveil observées au Gabon. La sortie de la pauvreté reste le pilier le plus important de leurs enseignements. Prier pour le travail et l'abondance des finances constitue le cheval de bataille des pasteurs qui restent très regardants sur les sommes versées pour les offrandes et dîmes, devenues des contrats non écrits entre les brebis « égarées » et leur berger [40]».

---

[38] Il est probable aussi, que dans un contexte païen, comme l'est celui de Corinthe, il fallait être attentif à ne pas semer la confusion ou succomber aux mœurs de cultes locaux- notamment celui d'Aphrodite répandu parmi les prostitués et dans lequel il n'est pas exclu que des femmes auraient exercé une fonction sacrée. Cf. Vinciane PIRENNE-DELFORGE, *L'Aphrodite grecque*, Presse universitaires de Liège, Liège, 1994, p. 93-127 , cité par Luis Martinez SAAVEDRA Luis Martinez, *Lecture contextuelle de la Bible*, Namur, Centre international de catéchèse et pastorale Lumen Vitae, 2021-2022, p. 49.

[39] Les Eglises de réveil, en ligne : https://www.unadfi.org/actualites/groupes-et-mouvance/les-eglises-du-reveil, publié le 14.01.2016 (consulté le 6.12.2022).

[40] Arthur ASSEKO, *Eglises de réveil : les plus grands foyers d'escroquerie au Gabon*, en ligne : https://g9infos.com/gabon-eglises-de-reveil-les-plus-grands-foyers-descroquerie-au-gabon/ (consulté le 6.12.2022).

Un grand danger chez ces pasteurs se trouve dans leur mauvaise interprétation de la Bible en isolant quelques verset de l'ensemble du contenu. Ils les mettent dans la tête des vulnérables fidèles sans aucun esprit critique. « Une telle approche peut déséquilibrer la compréhension de la Bible qui est à prendre plutôt comme un tout. Car chaque texte apparait comme un élément qui ne trouve sens et signification véritables qu'éclairé par son contexte et par l'ensemble de la Révélation consignée dans l'Ecriture[41]. » Derrière cette manière d'utiliser la Bible se cache une fausse simplicité qui donne aux insatisfaits de l'Eglise catholique et à ceux qui se sont retrouvés privés de l'exercice de leurs fonctions ecclésiales le plein droit de les exercer.

Les femmes sont majoritairement participantes aux assemblées eucharistiques ainsi qu'à d'autres rencontrent qui nécessitent leur aide, mais au niveau des charges pastorales, ce sont des hommes, presqu'inexistants dans des assemblées qui raflent toutes les responsabilités sauf celles du balayage de l'église, du sarclage … C'est ainsi qu'ailleurs, elles ont même la possibilité de lire la Bible en public et leurs ministères sont favorisés. C'est ce qui occasionne leur exode que nous allons analyser dans ces causes pastorales car ces nouveaux mouvements religieux profitent toujours des points faibles de la pastorale catholique.

Conclusion

Nous sommes partis d'un état de lieu, qui nous a permis de sonder notre pastorale au diocèse de Franceville. Une interrogation s'impose : est-ce-que notre manière d'exercer la pastorale répond aux attentes des fidèles ? Parce que la Bible reste la principale source de foi et outil privilégié de la pastorale : comment est-elle utilisée par les chrétiens catholiques et autour de nous ? La Bible n'est pas lue et reste entre les mains de quelques spécialistes.

Nous avons essayé d'analyser les causes du manque de lecture de la Bible. La crise est généralisée et le tort partagé entre les clercs et les fidèles eux-mêmes. Nous avons relevé quelques conséquences qu'entraine ce manque de lecture. Que faire pour susciter l'intérêt pour la lecture de la Bible et comment ? Cela fera l'objet de notre troisième chapitre mais essayons de découvrir d'abord l'importance de la lecture de la Bible, dans la Bible elle-même, selon le Magistère et chez des théologiens. C'est l'objet de notre deuxième chapitre.

---

[41] MABUNDU MASAMBA Fidèle, *Lire la Bible en milieu populaire…*, p. 65.

CHAPITRE II : ROLE ET PLACE DE LA BIBLE DANS LA VIE CHRETIENNE

Introduction

Ce titre qui constitue le deuxième chapitre de notre travail n'est pas nouveau, mais peut continuer à susciter de l'intérêt chez les chrétiens, remarquant combien la place et l'importance de la Parole de Dieu n'ont cessé d'être soulignées les dernières décennies. Les temps sont révolus où la lecture et l'étude de la Bible étaient considérées comme l'apanage des protestants ou réservées aux seuls prêtres, exégètes ou autres érudits, tandis que le commun des fidèles devaient se contenter des condensés et des morceaux choisis de récits bibliques prétendument adaptés à leur niveau de culture et de compréhension.

Grace au Concile Vatican II, notamment[42], la Bible a retrouvé sa place de choix dans la vie de l'Eglise. Le concile, principalement dans la constitution *Dei Verbum* sur la Révélation divine (18 Novembre 1965), avait fait en quelque sorte le bilan de ce que l'Eglise croit et enseigne au sujet de l'Ecriture Sainte. *Dei Verbum* développe non seulement des notions traditionnellement établies, telles que la Révélation, la Tradition et l'Inspiration de la Bible, mais il consacre aussi tout le sixième chapitre à la place centrale de l'Ecriture dans la vie de l'Eglise et exhorte les prêtres, diacres, catéchistes, tous les fidèles, y compris les personnes consacrées, à se familiariser avec les Saintes Ecritures.

Le 23 Avril 1993, la commission biblique pontificale publiait le document intitulé : *Interprétation de la Bible dans l'Eglise*, à l'occasion de la commémoration du centenaire de l'Encyclique de Léon XIII *Providentissimus Deus* et du cinquantenaire de l'Encyclique de Pie XII *Divino afflante Spiritu*. Ce document reste de toute importance pour quiconque se propose d'étudier un tant que soit peu sérieusement la Bible, commence par constater à la fois l'essor pris par les études bibliques dans l'Eglise d'aujourd'hui, leur impact sur la théologie et le dialogue œcuménique, mais aussi l'intérêt toujours croissant d'un bon nombre des fidèles catholiques sur la Bible. Il dresse un tableau exhaustif des méthodes et des approches pratiquées de nos jours dans les études bibliques.

Il n'est certainement pas nécessaire d'être personnellement rompu à toutes ces méthodes et approches, ni même à une seule d'entre elles, pour pouvoir tirer profit de la lecture de l'Ecriture Sainte. La Bible n'est pas d'abord un livre d'étude, mais un livre de vie. Il suffit d'une initiation simple, mais suffisante, pour rendre le lecteur conscient des principaux problèmes et difficultés qu'elle pose et de l'amener ainsi à aimer la Parole de Dieu, d'en faire sa nourriture quotidienne, de manière à y trouver des ressources nécessaires pour vivre de sa foi et pour témoigner à la surface du monde. Dans ce chapitre, nous essayerons de montrer, sur base des documents du magistère et à la lumière de Saintes Ecritures, le rôle et la place de la Bible dans la vie chrétienne. Ces documents sont : la Constitution Dogmatique *Dei Verbum* du Concile Vatican II ainsi que de l'exhortation apostolique post-synodale *Verbum*

---

[42] Soulignons l'importance des encycliques *Providentissimus Deus* (1893) de Léon XIII, *Spiritus Paraclitus* (1920) de Benoît XV et *Divino afflante spiritu* (1943) de Pie XII et du *Mouvement biblique*, lequel était ouvert à tous les fidèles et les encourageait à un contact direct et une approche priante de la Bible.

Domini. Nous finirons ce chapitre avec les contributions de trois théologiens de notre choix sur cette thématique : Fidèle Mabundu, Marcel Dumais et Christophe Raimbault.

II.1. Dans des documents du Magistère

II.1.1 Dans la constitution dogmatique Dei Verbum

II.1.1.1. L'importance de la Parole de Dieu pour l'Église

La constitution dogmatique *Dei Verbum* montre assez clairement la place qu'a toujours occupée les Saintes Ecritures dans la vie des chrétiens en ces termes :

> « L'Église a toujours vénéré les divines Écritures, comme elle le fait aussi pour le corps même du Seigneur, elle qui ne cesse pas, surtout dans la Sainte liturgie, de prendre le pain de vie sur la table de la Parole de Dieu et sur celle du corps du Christ, pour l'offrir aux fidèles [...]. Il faut donc que toute la prédication ecclésiastique, comme la religion chrétienne elle-même, soit nourrie et guidée par la Sainte Ecriture [...]. Or la force et la puissance que recèle la Parole de Dieu sont si grand qu'elles constituent, pour l'Église, son point d'appui et sa vigueur et, pour les enfants de l'Église, la solidité de leur foi, la nourriture de leur âme, la source pure et permanente de leur vie spirituelle[43]. »

Par sa Parole, proférée ou implicite dans l'univers créé, Dieu se communique, entre en contact, crée une communion. La communion de Dieu par sa Parole atteint son point culminant dans l'incarnation du Fils unique, ainsi que le montre si bien l'introduction de l'Epitre aux Hébreux : « Après avoir, à maintes reprises et sous maintes formes, parlé jadis aux Pères par les prophètes, Dieu, en ces jours qui sont les derniers, nous a parlé par le Fils, qu'il a établi héritier de toutes choses, par qui il a fait les siècles » (Hébreux, 1, 1-2). Le Fils unique est donc la Parole définitive de Dieu. Il est « le visage de la Parole »[44] comme dit le message du Synode. En tant qu' « image du Dieu invisible « (Colossiens 1, 15 ; cf. Jean 14, 9), il est désormais le chemin de communion avec Dieu (cf. Jean 14, 6).

Si la Parole est donc une personne, elle ne peut purement et simplement équivaloir à un livre, en occurrence à la Bible. Et pourtant il faut affirmer que c'est par celle-ci que nous avons concrètement accès à la Parole, que par sa lecture croyante nous entrons, aujourd'hui encore, en communion avec Dieu.

Le document que nous venons plus d'une fois, à savoir le *Dei Verbum*, ainsi que d'autres comme *Verbum Domini* et *Aperiuit illis*, sont des sources assez importantes et qui peuvent constituer un support nécessaire, pour tout chrétien, pour aider à découvrir l'importance de

---

[43] CONCILE VATICAN II, *Dei Verbum*, § 21.

[44] Pierre Marie CARRE, *Beauté et richesse de la Parole de Dieu. Synode sur la Parole de Dieu*, Rome, octobre 2008. *Extraits des interventions choisis par le Père Dominique AUZENET. Texte intégral du message final*, Nouan-le-Fuzelier, Ed. des Béatitudes, 2009, p. 133-136.

la Parole de Dieu. Ce sont les spécialistes en théologie qui ont la responsabilité, on dirait celle des éclaireurs, pour les autres chrétiens.

II.1.1.2 *La Parole de Dieu face à la fonction des exégètes et théologiens* .

Ce titre correspond à celui du paragraphe 23 de la Constitution dogmatique *Dei Verbum,* qui montre assez clairement que c'est sous l'égide du Saint Esprit que l'Eglise notre mère, à travers les temps, ne cessent de s'appliquer, par ses exégètes et théologiens, aux recherches afin que les Saintes Ecritures soient accessibles à tous, et surtout aux agents pastoraux :

> « Il faut que les exégètes catholiques et tous ceux qui s'adonnent à la théologie sacrée, unissant activement leurs forces, s'appliquent, sous la vigilance du Magistère sacré, et en utilisant des moyens appropriés, à si bien scruter et à si bien présenter les divines Lettres, que le plus grand nombre possible des serviteurs de la Parole divine soient à même de fournir utilement au peuple de Dieu l'aliment scripturaire, qui éclaire les esprits, affermit les volontés et embrase d'amour de Dieu le cœur des hommes[45]. »

Effectivement, c'est le travail des exégètes d'aider les pasteurs et leurs fidèles, non seulement à désirer la lecture des Saintes Ecritures, mais d'éviter l'illusion d'avoir, en les lisant, trouvé les réponses définitives aux questions. De cette manière, on cesserait facilement de les lire parce qu'on attendrait plus rien d'elle, et dans ce cas, on l'aurait lue dans une tendance utilitariste. Sans les exégètes et sous le regard du magistère, on risquerait de s'approprier un texte de la Bible pour un intérêt personnel. Sachant que leur science ne donnera pas toute intelligence nécessaire pour accéder aux Saintes Ecritures, les exégètes s'efforceront à la rendre toujours nouvelle.

La diversité des méthodes en exégèse poussent à la vigilance. On devra éviter d'instrumentaliser la Bible et cela devrait éveiller constamment le sens et du chercheur et du lecteur. Il s'agit d'une parole de Vie qui reste en questionnement toujours ouvert. L'Ecriture Sainte n'est pas constituée des recettes pour nos mets afin de satisfaire nos appétits. C'est effectivement le rôle de l'exégète de nous aider à lire la Bible comme une Parole, bonne nouvelle pour toute l'humanité. Lire la Bible oui, mais pour quelle importance ?

II.1.1.3 *Importance de la lecture de la Bible.*

Les fidèles devraient être constamment en contact avec les Saintes Ecritures. C'est ce qu'a tenu à signifier le §25 de *Dei Verbum*. Il reviendrait à tout fidèle, après avoir reçu une formation suffisante, de témoigner de la parole, un peu dans la ligne de la recommandation du Christ ressuscité à ses apôtres avant l'ascension : « Mais vous recevrez une puissance, celle du Saint Esprit qui viendra sur vous et vous serez mes témoins à Jérusalem, dans toute la Judée, dans la Samarie, et jusqu'aux extrémités de la terre » (Actes 1,8). Si la Parole de Dieu, à travers les Saintes Ecritures, est vraiment écoutée et connue, elle devient Parole

---

[45] CONCILE VATICAN II, *Dei Verbum*, § 23.

vivante. Notre seigneur Jésus, après son baptême par Jean, fut emmené au désert pour être tenté par le diable. Il eut faim lorsque le tentateur lui demande de faire de la pierre du pain pour son besoin immédiat. Jésus répondit : « l'homme ne vivra pas seulement du pain, mais de toute parole qui sort de la bouche de Dieu » Matthieu 4, 4 (Luc. 4, 4). Jésus cite ici un texte de l'Ancien Testament dans le livre de Deutéronome (8,3). Tout fidèle qui reste en contact permanent avec la parole de Dieu reçoit cette nourriture par excellence pour son âme.

Par ailleurs, cette familiarité avec l'Ecriture n'est pas facile. Les agents pastoraux ont cette lourde tâche de guides à la découverte des Saintes Ecritures. Ils sont appelés à en faire leur cheval de bataille, afin que les fidèles en découvrent la saveur. Pour cela, les guides ne devront pas eux-mêmes être fades. De même, si le message de l'Evangile n'agit pas à travers moi sur les autres, ce pourrait bien être qu'il a cessé d'agir sur moi-même, donc, j'aurai perdu ma raison d'être. De par son baptême, tout fidèle partage la mission salvifique avec le Christ et il est appelé à proclamer la Bonne Nouvelle à ses frères et sœurs dans leurs situations. C'est cette nouveauté de la puissance de l'Evangile qu'ils devront faire briller partout dans leur vécu de chaque jour.

Pour faire valoir ses compétences dans les activités pastorales , tout fidèle a besoin d'une initiation biblique. Concernant les groupes et mouvements d'actions catholiques, chaque sphère a sa pédagogie : les scouts et guides catholiques ne sont pas les jeunes de la JEC (jeunesse étudiante chrétienne). Mais, la Parole de Dieu reste la première et principale source de toute spiritualité chrétienne et une formation crédible à la lecture de la Bible éviterait de tomber dans certaines idéologies courantes qui ne respectent pas la vérité. Enlever la Parole à une communauté chrétienne c'est lui enlever le Christ car la Parole de Dieu, qui déborde le livre qui la contient, est une personne, à savoir, le verbe de Dieu fait chair, Jésus-Christ. La phrase de saint Jérôme employée dans l'Encyclique *Dei Verbum* nous éclaire car dit-il, - « Ignorer les Ecritures, c'est ignorer le Christ[46] ». Cette affirmation inviterait chaque chrétien à s'interroger, individuellement ou communautairement, sur la place que nous donnons à la Parole de Dieu dans notre vie et à se demander s'il l'aime, si il la lit de la manière à nourrir sa vie, sa pensée et ses jugements, s'il fait d'elle une compagne de vie.

L'expérience de Paul relatée au chapitre 3 de sa lettre aux Philippiens nous montre un homme tellement touché par la Parole du Christ ressuscité qu'il en était venu à le préférer à tout, engagé dans une course sans retour vers les plus hauts sommets de la connaissance du Seigneur Jésus :

> « Tous ces avantages dont j'étais pourvu, je les ai considérés comme un désavantage, à cause du Christ. Bien plus, désormais je considère tout comme désavantageux à cause de la supériorité de la connaissance du Christ Jésus mon Seigneur. A cause de lui j'ai accepté de tout perdre, je considère tout comme déchets, afin de gagner le Christ, et d'être trouvé en lui, n'ayant plus ma justice à moi, celle qui vient de la loi, mais la justice par la foi au Christ, celle qui vient de Dieu et s'appuie sur la foi ; le connaitre, lui, avec la puissance de sa résurrection et la communion à ses souffrances, lui devenir conforme dans

---

[46] CONCILE VATICAN II, *Dei Verbum*, § 25.

sa mort, afin de parvenir si possible à ressusciter d'entre les morts » (Philippiens 3, 7-11).

Cette connaissance de son Sauveur Jésus-Christ va au-delà d'une simple appréhension intellectuelle, qui est proprement une communion de vie avec le Christ. Certes, il nous sera toujours difficile de traduire en mots ce que nous vivons au plus profond de nous-mêmes. Mais l'expérience de Paul sommairement exposée dans cet épitre aux Philippiens a de quoi interpeller tout chrétien. Elle montre que nul ne peut avoir été touché par la Parole de Dieu sans que celle-ci change quelque chose de sa vie, sans qu'un retournement se fasse en lui au point que sa vie devienne une confession en actes de ce qu'il a perçu dans cette Parole.

En somme, à propos du rôle et de la place de la Bible dans la vie chrétienne, nous avons essayé d'analyser quelques points de repères dans la constitution dogmatique sur la révélation divine et qui remettent la Parole de Dieu au cœur de la vie du chrétien. La Parole de Dieu contenue dans la Bible est Parole de vie à condition de faire d'elle une nourriture quotidienne, une compagne de vie. Dans l'Eglise, elle occupe une place centrale et chaque chrétien devrait en prendre conscience. Pour cela, nous l'avons déjà dit, les exégètes et théologiens sont invités à s'atteler aux recherches continuelles, capables de donner aux fidèles le goût de lire la Bible. La lecture de la Parole de Dieu ravigote. Elle devient vivante et un témoignage pour le lecteur. Que dit l'exhortation apostolique *Verbum Domini*, à propos de l'importance de la Parole de Dieu contenue dans la Bible face au chrétien et son engagement dans l'Eglise ?

II.1.2 Dans l'Exhortation apostolique post-synodale Verbum Domini

Dans ce document du magistère, il nous est impossible de passer à une analyse systématique de tout son contenu sur l'importance de la Parole de Dieu, compte tenu de l'exigence limitative de ce travail. Notre choix sélectif se limite aux points suivants : L'Eglise, lieu d'accueil la Parole de Dieu, la Parole de Dieu favorable à la communion, la Parole de Dieu et l'Eucharistie, la Parole de Dieu inspire la prière et enfin, l'annonce de la Parole de Dieu, surtout aux pauvres.

Nous voudrions ici, presqu'à chaque sous point, commencer par évoquer sommairement l'expérience de la première communauté chrétienne, idéalement décrite dans les chapitres 1 à 5 des actes des apôtres (Actes 2,42-47 ; 4,32-35 ; 5,12-16). L'exhortation apostolique post-synodale, *Verbum Domini*, du Pape Benoît XVI aux évêques, au clergé, aux personnes consacrées et aux fidèles laïcs , sur la Parole de Dieu y trouve un modèle pour l'ensemble de l'Eglise. Ce que nous devons savoir, et qui est la caractéristique principale de la communauté chrétienne primitive de Jérusalem, c'est la foi née au lendemain de la pentecôte à la suite de la prédication des apôtres, concrètement vécue et structurée autour des quatre pôles : « Ils étaient assidus à l'enseignement des apôtres, fidèles à la communion fraternelle, à la fraction du pain et aux prières » (Actes 2,42). Ces quatre pôles, à bien y voir, correspondent à notre division proposée dans cette partie, et nous y ajouterons l'importance de l'annonce de la Parole de Dieu, surtout aux pauvres.

II.1.2.1 L'Eglise, lieu d'accueil de la Parole de Dieu (assidus à l'enseignement des apôtres)

Ce qui est décrit de la première communauté primitive devrait être considéré comme modèle d'une communauté chrétienne organisée, qui approfondit sa foi dans une écoute persévérante de la Parole de Dieu, la solidarité entre les membres dans l'Eucharistie et la prière qui constituent une source d'énergie pour un témoignage constant. Cela va, on dirait, de l'écoute de la Parole de Dieu à son application. Cette expérience des premiers chrétiens aide à accueillir la Parole en toute vérité, mais comment ? L'accent est mis d'abord sur l'écoute de l'enseignement des apôtres. Or celui-ci portait sur la vie, la mort et la résurrection du Seigneur Jésus, avec des perspectives larges réactualisant les prophéties anciennes et orientant les regards vers l'avenir, vers le retour glorieux du Christ[47]. C'était, pour ainsi dire, l'Evangile lui-même, oralement proclamé, écouté et vécu. La Parole de Dieu irradiait toute la vie, la façonnait et la transformait.

Aujourd'hui encore, la Parole de Dieu a le même pouvoir de structurer une vie, de la transformer, à condition d'être accueillie, écoutée avec persévérance, en la laissant suivre son cours jusqu'à marquer toute la vie de son impact. Car,

> « accueillir le verbe signifie se laisser modeler par lui afin d'être conforme au Christ, au « Fils unique qui vient du Père » (Jean 1, 13) par la puissance de l'Esprit Saint . Cela marque le début d'une nouvelle création. Naît alors la créature nouvelle, ainsi qu'un peuple nouveau. Ceux qui croient, ou mieux ceux qui vivent dans l'obéissance de la foi, « sont nés de Dieu »(Jean 1, 13), et sont rendus participants de la vie divine : ils sont fils dans le Fils (cf. Galates 4, 5-6 ; Romains 8, 14-17)[48]. »

L'Église, corps du Christ est le lieu privilégié de sa présence. C'est elle la « maitresse de l'écoute » en laquelle le peuple se rassemble pour lire et écouter la Parole de Dieu contenue dans la Bible. Elle met en contact avec quelqu'un qu'il faut apprendre à écouter, aussi longuement que possible, moyennant tout un travail de préparation et de conditionnement dans une attitude de disponibilité permanente. La parabole du semeur, surtout l'explication de cette parabole dans la version de Luc dit : « Ce qui est tombé dans la bonne terre, ce sont ceux qui, ayant entendu la Parole, avec un cœur noble et généreux, la retiennent et portent du fruit par leur constance » Luc 8,15. C'est dire donc que l'accueil et l'écoute de la Parole de Dieu dans l'Eglise participe à la cohésion entre les membres appelés à se rassembler au nom de leur foi. Cette unité est plus qu'une simple cohésion : il s'agit de la naissance d'une communion véritable qui se crée entre les membres.

II.1.2.2 La Parole de Dieu favorable à la communion (Fidèles à la communion)

A travers les traits qui caractérisent la première communauté chrétienne, la communion vient, dans le livre des actes des apôtres, juste après l'écoute de la Parole enseignée par les apôtres. Comment, en effet, ceux qui ont écouté ensemble le Seigneur dans sa Parole et communié dans la foi en sa présence, pourraient-ils ne pas être solidaires entre

---

[47] Actes 2,22, note r, dans *Bible de Jérusalem,* Paris, cerf, 1981.
[48] BENOIT XVI, *Verbum Domini,* § 50.

eux ? La communion est le premier fruit de l'écoute communautaire de la Parole de Dieu. Dans les actes des apôtres, il y a des expressions qui traduisent cette communion : « d'un seul cœur, ils fréquentaient assidûment le temple » (Actes 2,46), « ils n'avaient qu'un cœur et qu'une âme » (Actes 4,32), « ils se tenaient d'un commun accord sous le portique de Salomon » (Actes 5,2).

Cette communion des cœurs se traduisait concrètement dans la mise en commun des biens (Actes 2,44 ;4,32), qu'on distribuait à chacun selon ses besoins (Actes 4,35), de sorte que personne ne se trouvait dans le besoin (Actes 4,34). C'est dans cette même optique que l'exhortation apostolique post-synodale *Verbum Domini* indique que

> « la Parole de Dieu écoutée avec disponibilité dans l' Eglise, engendre « la charité et la justice envers tous, surtout envers les pauvres ». Il ne faut jamais oublier que « l'amour-caritas- sera toujours nécessaire, même dans la société la plus juste [...]. Celui qui veut s'affranchir de l'amour se prépare à s'affranchir de l'homme entant qu'homme ». J'encourage tous les fidèles à méditer fréquemment l'hymne à la charité que l'apôtre Paul a écrit, et à se laisser inspirer par lui : « l'amour prend patience ; l'amour rend service ; l'amour ne jalouse pas ; il ne se vente pas, ne se gonfle pas d'orgueil ; ne se fait pas malhonnête ; il ne cherche pas son intérêt ; il ne s'emporte pas ; il n'entretient pas de rancune ; il ne se réjouit pas de ce qui est mal, mais il trouve sa joie dans ce qui est vrai ; il supporte tout, il fait confiance en tout, il espère tout, il endure tout. L'amour ne passera jamais » (1 Corinthiens 13,4-8)[49]. »

Voilà un amour désintéressé capable de se sacrifier pour un autre. Paul , en disant ces choses, pensait au Christ qui a réalisé un tel amour le premier. Tous les chrétiens, chacun en particulier, devraient agir à la manière du Christ. Cet amour demande le sacrifice. Il faudra croire à l'amour qui est sur soi afin d'y répondre par toutes les capacités d'amour présentes en moi. Nous pouvons nous souvenir ici de l'épisode de Matthieu 19, 16-22 où un jeune homme demande à Jésus, « Maitre, que dois-je faire pour avoir la vie éternelle ? » Cet homme parait parfait, mais Jésus l'invite à faire davantage, c'est-à-dire, au partage : « vas, vends tout ce que tu possèdes et donne-le aux pauvres. Oui, à force de fermer son fric, on risque de verrouiller son cœur. Aujourd'hui par son Evangile, Jésus nous enseigne à travers des situations concrètes. Son enseignement et sa bonté peuvent encore impressionner et renforcer la communion entre les fidèles chrétiens. En les regardant, Jésus peut encore éprouver sa sympathie envers eux. Sa Parole libère. Aimer, c'est recevoir pour donner et selon 1 Corinthiens 13, c'est tout donner.

Ainsi, une communauté des chrétiens centrée sur la Parole de Dieu est celle qui se laisse quotidiennement interpeller par cette Parole de telle sorte que ses fidèles, puissent s'interroger sur la qualité de leurs relations entre eux et autour d'eux. Dénoncer des situations d'injustice parce qu'elles sont contraires à la Parole d'amour quotidiennement écoutée. Bref,

---

[49] *Verbum Domini*, § 103.

la communion est une exigence de témoignage concret pour « ceux qui écoutent la Parole de Dieu et la mettent en pratique » Luc 8,21.

II.1.2.3 La Parole de Dieu et l'eucharistie[50] (Fidèles à la fraction du pain)

L'Eucharistie reste un lieu favorable où les hommes et les femmes écoutent Dieu et où ils expriment leur réponse à Dieu. La relation entre la Parole de Dieu et l'Eucharistie se fait sentir dans l'expérience de la première communauté chrétienne : « fidèles à la fraction du pain » (Actes 2,42). La fraction du pain signifierait ici l'Eucharistie[51]. Il est bon de rappeler l'unité profonde qui existe entre la table de la Parole et la table eucharistique, unité fortement soulignée dans la célébration eucharistique elle-même où la liturgie de la Parole n'est pas quelque chose de surajoutée à la liturgie eucharistique, mais « constitue avec elle un acte du culte[52] ». Le Christ qui se donne dans la célébration de la Parole est le même qui se donne dans le corps et le sang eucharistique. L'exhortation apostolique *Verbum Domini* fait une analogie entre l'Eucharistie et l'épisode des disciples d'Emmaüs dans l'Evangile de Luc en disant qu'il

> « nous permet de progresser dans la réflexion sur le lien entre la Parole et la fraction du pain (Luc 24, 13-35). Jésus alla à leur rencontre le jour après le sabbat, écouta l'expression de leur espérance déçue, et, devenant leur compagnon de route, « il leur expliqua, dans toute l'Ecriture, ce qui le concernait »(Luc 24, 27). Les deux disciples commencèrent à scruter d'une manière nouvelle les Écritures en présence de ce voyageur qui, de façon inattendue, se montre si proche de leur vie. Ce qui est arrivé en ces jours-là n'apparait plus comme un échec, mais comme un accomplissement et un nouveau départ. Toutefois, ces paroles ne semblent pas encore satisfaire les disciples. L'Évangile de Luc nous dit que « leurs yeux s'ouvrirent, et ils le reconnurent » (Luc 24, 31), seulement quand Jésus prit le pain, dit la bénédiction, le rompit et leur donna, alors qu'auparavant, »leurs yeux étaient aveuglés, et ils ne le reconnaissaient pas »(Luc 24, 16). La présence de Jésus, d'abord à travers ses paroles, puis avec le geste de la fraction du pain, a permis aux disciples de le reconnaitre ; ils purent éprouver d'une manière nouvelle ce qu'ils avaient précédemment vécu avec Lui : « Notre cœur n'était-il pas brûlant en nous, tandis qu'il nous parlait sur la route, et qu'il nous faisait comprendre les Ecritures ? » (Luc 24, 32)[53] ».

Ces disciples ont accueilli la Parole et, à la fraction du pain, au geste de partage, ils reconnurent le Christ et leur peine fut transformée en joie. La Parole de Dieu célébrée dans l'Eucharistie nous remplit de joie, une joie qui resta ure notre foi. La Parole est présence du Christ sur le chemin des hommes, sans qu'ils s'en doutent car c'est Lui, en réalité, qui continue à expliquer aux fidèles fervents, jour après jour, dimanche après dimanche, sa lecture

---

[50] Ce sous-titre intitule le § 54 de *Verbum Domini*.
[51] Luc 24, 35 note h, dans *Bible de Jerusalem illustrée, Paris, Cerf, 1986*.
[52] VATICAN II, *Sacrosanctum Concilium* § 56.
[53] *Verbum Domini*, § 54.

d'Evangile. Si nous n'y adhérons pas, nous manquerions l'intelligence des Ecritures à cause de la paresse de notre cœur.

A l'auberge, à cette Eglise et à sa table, celle de chaque jour ou de chaque dimanche, avec le pain rompu, c'est le mystère de l'Eucharistie. A celui qui est de bonne volonté et qui regarde ces signes avec foi, apparait tout à coup une présence intense qui anime et réjouit le cœur, chaque jour sur le chemin terrestre où il nous parlera encore.

Une communauté réunie autour de la Parole est donc nécessairement une communauté eucharistique, c'est-à-dire, non seulement appelée à célébrer l'Eucharistie mais à vivre l'Eucharistie. Sinon la présence d'un chrétien à la célébration eucharistique se réduirait à un rite routinier et machinalement exécuté. Normalement, elle devrait être vécue comme sacrement de communion qu'elle est réellement, en même temps que source à nourrir sa foi, où puiser les énergies nécessaires pour en témoigner autour de soi.

A travers la célébration eucharistique, la joie qu'apporte l'écoute persévérante de la Parole est capable de faire partager, entre les fidèles d'une communauté, les joies et les peines de la vie quotidienne. « Le but est d'offrir à Dieu l'occasion de nous adresser à sa Parole vivifiante, pour que nous l'écoutions et nous nous laissions façonner par elle dans nos prières et nos chants. Nous serons alors à mesure de l'annoncer par toute notre vie.[54] » En même temps, les Paroles du Christ chaque jour proclamées à la consécration, - « Ceci est mon corps *livré* pour vous, ceci est mon sang *versé* pour vous », - appellent tous et chaque chrétien à ne pas s'arrêter en chemin, mais à aller toujours plus loin dans le don de soi aux autres, à ceux qui sont proches comme aux lointains, les étrangers ainsi que les mal aimés.

II.1.2.4 La Parole de Dieu et la prière : « Fidèles aux prières »

Nous remarquerons ici, dans le livre des actes des apôtres, chapitre 2, verset 42, que la communauté primitive de Jérusalem reste aussi une référence car la prière n'est pas la moindre des caractéristiques. Il est clairement indiqué qu'ils étaient tous « assidus à la prière ». Persévérer dans l'écoute de la Parole conduit à la prière, tout comme celle-ci nourrit la communion entre les croyants et avec le Christ dont ils célèbrent le mystère de la mort et de la résurrection dans l'Eucharistie, laquelle est elle-même sacrement de communion.

Le livre des actes des apôtres revient régulièrement sur le fait que la communauté chrétienne est une communauté qui prie avec persévérance. Dans l'attente de la pentecôte, « tous (les apôtres) d'un même cœur étaient assidus à la prière avec quelques femmes, dont Marie mère de Jésus, et avec ses frères », lit-on au début des actes des apôtres (1, 14). La prière prenait diverses formes dans la communauté : prière commune présidée par les apôtres (4, 24-30), centrée sur la fraction du pain (2, 42.46 ; 20, 7-11), à l'occasion des événements importants tels que : les élections et ordinations à des charges (1, 24 ; 6,6 ; 13, 3 ; 14, 23), confirmation des samaritains (8, 15), période des persécutions (4, 24-31 où l'on voit une manière d' explorer l'Ecriture dans la prière à partir du psaume 2), 12, 5. Des individus priaient aussi : Etienne pour soi-même et pour ses bourreaux (7, 59-60), Paul après sa vision

---

[54] Cf. COMISSION INTERDIOCESAINE DE PASTORALE LITURGIQUE (CIPL),Mgr Josef De KESEL, Préface, dans *Rencontrer Dieu dans la Parole. Guide de lecture pour les acteurs liturgiques*, Bruxelles, Licap, p.1.

du Christ (9, 11), Pierre et Paul avant les miracles (9, 40 ; 28,8), Paul et Silas en prison (16, 25), Paul faisait ses adieux aux anciens d'Ephèse (20, 36) et à Tyr 21,5).

Aujourd'hui, la prière prend également une place importante dans la vie des chrétiens et il faudra que chacun s'en applique, qu'il découvre ainsi l'importance d'entrer dans l' intelligence des Ecritures. D'ailleurs on aura le sentiment de s'être engagé dans une voie qu'on aura jamais fini de parcourir. Ainsi l'indique l'exhortation apostolique *Verbum Domini*, en rappel à la recommandation de la Constitution dogmatique *Dei Verbum* en ces termes : « Que les fidèles [...] approchent de tout leur cœur le texte sacré lui-même, soit par la sainte liturgie, qui est remplie des Paroles divines, soit par une pieuse lecture [...] Comme le dit saint Augustin : ''ta prière est ta parole adressée à Dieu. Quand tu lis, c'est Dieu qui te parle ; quand tu pries, c'est toi qui parle avec Dieu [292]''. Origène, l'un des maitres de cette lecture de la Bible, soutient que l'intelligence des Ecritures demande, plus encore que l'étude, l'intimité avec le Christ et la prière[55]. »

Il est important pour chaque chrétien d'entrer dans l'intelligence de l'Ecriture en faisant une lecture priante qui lui permettra de comprendre le sens des textes, de les intérioriser afin qu'ils produise en lui ses fruits. Pour cela, le chrétien ne va pas courir derrière les émotions, en exigeant que la Parole touche, mais en essayant de demeurer fortuitement et paisiblement avec Dieu. « Il leurs dit : que cherchez-vous ? Ils lui répondirent : maître, où demeures-tu »(Jean 1, 38).

La Bible n'est pas, en effet, un livre comme les autres, un roman ou quelque autre ouvrage où l'on cherche d'abord des connaissances d'ordres pratique ou intellectuel, qu'on met de côté aussitôt qu'on a cru trouver ce qu'on y cherchait. Elle met en contact avec quelqu'un qu'il faut apprendre à écouter, aussi longuement que possible, moyennant tout un travail de préparation et de conditionnement dans une attitude de disponibilité permanente : « ce qui est tombé dans la bonne terre, ce sont ceux qui, ayant entendu la Parole, avec un cœur noble et généreux, la retiennent et portent du fruit par leur constance » (Luc 8,15). Quand on parle à Jésus de manière profonde et spirituelle, il devient digne d'être aimé. C'est de cette manière que chaque chrétien pourra faire de la lecture biblique sa compagne de vie, pour que la Parole de Dieu devienne réellement la lampe sur sa route (Psaumes 119,105).

Dei Verbum recommandait déjà aux religieux d'en faire « une lecture spirituelle assidue[56] ». Cette dernière, traditionnellement appelée *lectio divina* , est en fait une lecture croyante et priante de l'Ecriture, dont les origines remontent à l'usage que le judaïsme faisait de la Parole de Dieu. Proclamée dans la synagogue, la Parole de Dieu était ensuite interprétée par le Targum(traduction paraphrasée) puis par la prédication. Quand les croyants rentraient chez eux, ils prolongeaient dans la vie ce qu'ils avaient entendu et mémorisé. C'était un exercice[57], à la fois d'écoute, de mémoire et de réflexion, débouchant sur une vie droite, conforme à la Parole de Dieu. Dans le Nouveau Testament, Jésus en est lui-même l'illustration la plus ancienne en christianisme : il a enseigné et prié avec les paroles de l'Ecriture (Luc 4,

---

[55] *Verbum Domini*, § 85.
[56] VATICAN II, *Dei Verbum*. § 24.
[57] François MBIYANGANDU, *Parole de Dieu dans la vie. Conférence tenue aux religieux joséphites en 2016 ,* Melle, inédit.

16-30 ; 23, 46). Les premiers chrétiens, après lui, ont lu et relu à la fois les prophéties anciennes, les propres paroles de Jésus et ses gestes à la lumière de la résurrection et en fonction de leurs communautés. La lectio a trouvé dans le monachisme naissant un terrain de prédilection et sa pratique s'est poursuivie tout au long de l'histoire de la vie religieuse dont les plus grandes révolutions ont trouvé en elle leur source d'inspiration.

II.1.2.5. Parole de Dieu et l'annonce.

Parmi les axes qui ont structurées le modèle idéal de la communauté primitive des Actes des Apôtres, il y a l'annonce. De telles communautés ne sont pas faites pour rester fermées, repliées sur elles-mêmes. Une dynamique interne les pousse à se répandre au dehors, à offrir aux autres le bonheur qu'elles ont goûté au contact de la Parole de Dieu[58]. Telle est la source de tout apostolat dans l'Eglise, sur lequel peut se fonder l'apostolat biblique.

Saint Paul déclarait : « Malheur à moi si je n'annonce pas l'Evangile » (1 Corinthiens 9, 16) ou encore il dit: « Ce n'est plus moi qui vis, mais le Christ qui vit en moi » (Galates 20, 20). Il y avait chez cet homme une telle cohérence dans la foi en Christ ressuscité qu'annoncer celui-ci était quelque chose qui ne pouvait se discuter. Une attitude semblable est observée chez les apôtres au lendemain de la Pentecôte. L'assurance dont Pierre et Jean, ces hommes sans instruction ni culture, font preuve, frappait les membres du sanhédrin qui reconnaissaient bien en eux « ceux qui étaient avec Jésus » (Actes 4, 13). C'est en vain qu'ils cherchèrent à les empêcher d'enseigner au nom de ce dernier : « S'il est juste aux yeux de Dieu de vous obéir plutôt qu'à Dieu, rétorquaient-ils, à vous d'en juger. Nous ne pouvons pas, quant à nous, ne pas publier ce que nous avons vu et entendu. » (Actes 4, 19-20).

Nous ne pourrons annoncer l'Evangile aujourd'hui que dans la mesure où nous aurons nous-mêmes été évangélisés[59], c'est-à-dire, la manière dont nous aurons reçu l'Evangile et que nous l'aurons placé au cœur de notre vie comme la référence essentielle qui donne sens à tout ce que nous sommes, pouvons dire ou faire. Bien plus, l'efficacité de notre apostolat de l'annonce de la Parole de Dieu lui-même dépend de la cohérence entre notre vie et l'Evangile que nous annonçons. Paul VI disait : « L'homme contemporain écoute plus volontiers les témoins que les maîtres […] ou s'il écoute les maîtres, c'est parce qu'ils sont des témoins [60]». C'est dans ce contexte qu'il faut comprendre aussi le soucis des Pères synodaux au sujet de l'importance de l'homélie, ce moyen par lequel les fidèles se nourrissent de l'aliment spirituel. Déjà l'exhortation apostolique post-synodale *Verbum Domini* clarifie abondamment :

> « L'homélie est en effet une actualisation du message scripturaire, de telle sorte que les fidèles soient amenés à découvrir la présence et l'efficacité de la Parole de Dieu dans l'aujourd'hui de leur vie. Elle doit aider à la compréhension du mystère qui est célébré, inviter à la mission […]. Par conséquent, que ceux

---

[58] PAUL VI, *Evangelii Nuntiandi*, § 13 et 24.
[59] *ID.*
[60] *Ibid.* § 41.

qui, en vertu de leur ministère spécial, sont députés à la prédication, prennent à cœur ce devoir. On doit éviter les homélies vagues et abstraites, qui occultent la simplicité de la Parole de Dieu, comme aussi les divagations inutiles qui risquent d'attirer l'attention plus sur le prédicateur que sur la substance du message évangélique[61]. »

L'homélie constitue aujourd'hui un enjeu pastoral majeur. Cette prise de parole explique la partie centrale de la liturgie de la Parole constituée de différentes lectures. Le prédicateur, selon cette recommandation du *Verbum Domini*, permettra au peuple de comprendre que c'est Dieu qui s'adresse à lui, afin qu'il décèle, à travers cette nourriture spirituelle, le mystère de la Rédemption. Les fidèles répondent à cette communication divine par des chants et la profession de foi. Ainsi, tout prédicateur devra savoir que la Parole qu'il explique n'est pas sa parole, parce qu'il n'est qu' un instrument que Dieu utilise au service de sa Parole.

Ce modèle se trouve même dans l'attitude de Jésus à la synagogue de Nazareth. Il fait la lecture du rouleau, le restitue et prend la parole (Luc 4, 16-21). La lecture de la Torah est un point de rencontre entre Dieu et son peuple. Donc il s'agirait d'un moment qui ouvre à l'avenir. Lorsque Jésus ressuscité s'est mis en conversation avec les voyageurs d'Emmaüs, après avoir écouté leur espérance et leur doute, s'est mis à leur expliquer le sens de l'Ecriture (Luc 24, 18-35). Aujourd'hui encore, écrit Philippe BEGUERIE, « nous-mêmes n'avons su nommer ce mystérieux compagnon que grâce au témoignage de la communauté chrétienne qui a interprété pour nous les Ecritures[62]. » C'est cette même communauté qui, par les personnes formées, est appelée à rejoindre les chrétiens pour partager leurs angoisses et leurs joies, en les ouvrant à l'intelligence des Ecritures.

L'homélie assure normalement l'aujourd'hui de chaque célébration en rapport avec le vécu des membres de la communauté, y compris celui du prédicateur. L'homélie devrait éclairer le présent. Si la Parole que le prédicateur prêche l'éclaire déjà lui, sa vie peut devenir témoignage. De là naitra la connivence entre lui et l'assemblée qui est à sa portée. Celui qui fait l'homélie n'est pas supérieur à la communauté et si « il parle en professeur de morale, il semble croire que c'est son action qui va rendre présent le Seigneur dans la vie de son auditoire (…) Une homélie est faite pour dévoiler ce que la Parole a déjà accompli au milieu de nous (…) Il redonne espoir et force à ceux qui accueillent sa parole, car il leur révèle leur dignité. Il ne part pas d'un traité théologique particulièrement riche, mais de la vie de celui qu'il rencontre[63]. »

Dans l'expérience pascale des disciples d'Emmaüs, Jésus leur ouvre la Bible, « commençant par Moise et tous les prophètes, il leur explique dans toutes les Ecritures ce qui les concernaient »(Luc 24, 27). Ce n'est pas une leçon que Jésus donne pour meubler l'intellect de ces disciples. De même, dans la Bible, le chrétien cherchera celui qui est sa raison

---

[61] *Verbum Domini, § 59.*
[62] Philippe BEGUERIE , *L'homélie, de la Parole à l'Eucharistie*, Paris, Desclée de Brouwer, 2012. p.36.
[63] *Ibid.*, p. 130.

d'être et qui lui donne sens[64]. Lorsqu'on se mettra à lire l'Evangile, ça sera pour y chercher Jésus, à travers une communion profonde de cœur à cœur. Comme les disciples, il convient d'écouter Jésus qui enseigne et ça devrait être aussi l'attitude d'un prédicateur qui commence par accueillir celui qui l'instruit, pour qu'à travers lui, les autres s'instruisent aussi :

> « Avant tout, en m'adressant maintenant aux ministres ordonnés de l'Eglise, je leur rappelle ce qu'a affirmé le synode : « la parole de Dieu est indispensable pour former le cœur d'un bon pasteur, ministre de la Parole » [264]. Evêques, prêtres, diacres ne peuvent en aucune façon penser vivre leur vocation et leur mission sans un engagement décidé et renouvelé de sanctification qui trouve l'un de ses piliers dans le contact avec la Bible[65]. »

Les belles paroles ne peuvent encore suffirent pour annoncer l'Evangile, mais une vie de service selon laquelle chacun se sent concerné par la mission que le maitre lui a confiée. Chaque chrétien est appelé à faire de sa vie un don, car peut-on dire, « aimer c'est recevoir pour donner ». Les chemins de l'annonce de la Parole sont multiples, comme le montre par ailleurs la dernière partie du message du Synode, justement libellée au pluriel : la mission, chemins de la Parole[66] La première place qu'occupe la Parole de Dieu dans l'Eglise doit donner à cette dernière un autre visage qui ferait de chaque chrétien un serviteur de la Parole. C'est ce que nous lisons dans l'Evangile de Luc : « d'après ce que nous ont transmis ceux qui furent dès le début témoins oculaires et serviteurs de la Parole » (Luc 1,2). Tout comme l'Eglise, explorant des chemins nouveaux pour annoncer l'Evangile dans le monde d'aujourd'hui, chaque chrétien ne devra pas manquer l'audace pour chercher des moyens sans cesse adaptés de témoigner de la Parole de Dieu partout. Ce défi est vital (Actes 1,8).

Le Pape François a invité, dans le contexte de synodalité, le clergé, consacrés et laïcs sanctifiés par le même Esprit à converger vers la même mission de l'annonce de la Parole de Dieu en ces termes :

> « Que nous ayons tous dans le cœur et dans l'esprit cette belle vision de l'Eglise : Une Eglise tendue vers la mission et où s'unissent les forces et où l'on marche ensemble pour évangéliser ; une Eglise où ce qui nous lie est notre identité chrétienne des baptisés, notre appartenance à Jésus ; une Eglise où une véritable fraternité est vécue entre laïcs et pasteurs, travaillant côte à côte chaque jour, dans tous les domaines de la pastorale, parce que tous sont baptisés[67]. »

Nous l'avons si bien dit précédemment que tout pasteur prédicateur serait celui qui se mettrait d'abord en posture du « frère avec tous », c'est celle du chrétien baptisé d'abord. Dans l'Evangile de Luc, l'envoi en mission de 72 disciples rapporté au chapitre 10, 1-24 est

---

[64] Achille DEGEEST, *Méditer l'Evangile avec François d'Assise et Thérèse de Lisieux*, Paris, Mediaş Paul, 1996, p. 129.

[65] CONCILE VATICAN II, *Verbum Domini*, § 78.

[66] Pierre Marie CARRE, *Beauté et richesse de la Parole de Dieu …*, p. 143-153.

[67] Pape FRANCOIS , *Pasteurs et fidèles laïcs appelés à marcher ensemble*, adresse aux participants à la conférence internationale pour les évêques et les référents des commissions épiscopales pour les laïcs du 16-18 Fév. 2023, en ligne : (http://fe.Zenit.org/author/Marinadroujinina) (consulté le 20 février 2023).

une particularité de l'Evangéliste. Le Seigneur s'était bien choisi douze apôtres. On dirait qu'il se cherche, aujourd'hui encore, des collaborateurs laïcs. Il s'en était choisi 72, chiffre qui exprime la totalité de la race humaine[68], toute invitée à faire les premières démarches préalables à la propre prédication de Jésus.   Il les envoie « deux par deux » (Luc 10,1), donc pas isolés. L'Evangile ne restera jamais le monopole d'un seul. Son contenu aurait probablement besoin de plusieurs manières d'annoncer, comme l'Evangile lui-même n'a pas était rédigé par une seule personne, mais par quatre évangélistes qui rapportent un même évangile, une même Bonne Nouvelle.

II.1.2.6.   L'annonce de la Parole de Dieu et les pauvres.

L'exhortation apostolique post-synodale *Verbum Domini* accorde une place importance à l'annonce de la Parole de Dieu et les pauvres. D'abord, tout le sens de la mission de Jésus est orientée vers les pauvres comme les premiers destinataires de la Bonne Nouvelle. L'homélie de Jésus dans la synagogue de Nazareth est déterminant et nous sommes obligés d'y revenir une fois de plus : « L'Esprit du Seigneur est sur moi, parce qu'il m'a consacré par l'onction, pour porter la Bonne Nouvelle aux pauvres. Il m'a envoyé annoncer aux captifs la délivrance et aux aveugles le retour à la vie, renvoyer en liberté les opprimés, proclamer une année de grâce du Seigneur » (Luc 4, 18-19).

Le début du verset 18 définit ici la portée de la mission prophétique de Jésus. Il faut qu'il soit prophète pour parler en son nom. L'engagement des prophètes de l'Ancien Testament à défendre le pauvre est remarquable (Isaïe 11, 4 ; 41, 17). Jésus associe aux pauvres les opprimés, les aveugles qu'il veut libérer. Il déclare même que cet Evangile s'accomplit aujourd'hui. Après, vient la journée de Capharnaüm, chez Luc (Luc 4, 31-37). Jésus enseigne et délivre les possédés. Il libère le pauvre de tout ce qui l'aliène[69].   Les pauvres du temps de Jésus sont les pauvres de tout le temps. Ce livre que Jésus portait ce jour-là et qu'il a ouvert, ce livre sur lequel ses yeux ont lu existe toujours. C'est un livre sacré et qui s'appelle aujourd'hui la Bible. En Isaïe 52, 7 et 61, 1, la Bonne Nouvelle est annoncée en vue de la libération et restauration de la ville Sainte, Jérusalem. Mais cette annonce prophétique d'Isaïe a connu une grande déception car les pauvres étaient toujours opprimés. Il ne s'agit pas seulement de ceux qui étaient pauvres économiquement, mais de ceux qui étaient sans appui humain face aux puissants et qui se tournaient vers Dieu.

« En effet, « les premiers à avoir besoin de l'annonce de l'Evangile sont précisément les pauvres, qui ont besoin non seulement de pain, mais aussi de paroles de vie » [348]. [...] L'Eglise sait aussi qu'il existe une *pauvreté* qui est vertu, à cultiver et à choisir librement, comme l'ont fait de nombreux saints, et qu'il existe une misère qui est souvent le résultat d'injustices, qui est provoquée par l'égoïsme, qui a pour symptôme l'indigence et la faim et qui alimente les conflits. Quand l'Eglise annonce la Parole de Dieu, elle sait qu'il faut favoriser un « cercle vertueux » entre la pauvreté « à choisir » et la pauvreté « à combattre », redécouvrant « la sobriété et

---

[68] Cf *Nouveau Testament commenté*, ibid. tiré de commentaires 10, 1, p. 31.
[69] Paul BONY , *L'Eglise et les pauvres*, Paris, éd. Des ateliers, 2001, p. 107.

la solidarité, comme valeurs évangéliques et, en même temps, universelles [...] Ce qui comporte des choix de justice et de sobriété [...][70]. »

Le Seigneur a toujours une prédilection pour les pauvres. Aujourd'hui encore, le message de Jésus qui se trouve dans la Bible, lu, peut rencontrer d'autres destinataires qui sont, comme nous venions de le dire, ces pauvres de tout le temps. Certes, Jésus n'a pas ouvert toutes les prisons pour libérer les captifs ni guérir tous les malades. Mais la pire oppression peut être aussi l'esclavage intérieur que le péché creuse en chacun personnellement et en tous collectivement sous la forme des « structures de péché [71] » qui oppriment les pauvres et détruisent le bien commun et affaiblissent la conscience des humains. Nous pouvons dire en sommes qu'il n'y a pas d'Eglise de Dieu sans les pauvres. C'est pourquoi l'Eglise se doit de proposer l'Evangile à tous en commençant par les pauvres qui sont « sous le même signe de la folie et de la faiblesse de Dieu que le crucifié, sinon elle serait accusée d'une haute trahison de l'Evangile qu'elle annonce[72]. L'Eglise sera toujours appelée à vérifier son identité par son lien aux pauvres. L'effort devra toujours être fait pour que les pauvres prennent place dans l'Eglise, dans la société et dans nos communautés ecclésiales de base.

Dans ce deuxième chapitre nous avons jusqu'ici essayé de montrer, à partir de quelques documents du magistère, le rôle et la place de la Bible dans la vie chrétienne. Voyons ce qu'en disent spécifiquement des théologiens.

II.2. Chez des théologiens.

Nous évoquerons dans ce dernier point du chapitre quelques théologiens qui, à travers leurs réflexions, ont montré l'importance de l'appropriation de la Bible par ses lecteurs actuels, tout en prévenant du danger d'une lecture littérale que l'on appelle « fondamentaliste » au sein de la lecture populaire de la Bible. Il s'agit des théologiens Fidèle MABUNDU et Henri DUMAIS. Un autre, le théologien Christophe RAIMBAULT montrera le grand défi actuel de la place de la Bible en catéchèse (lieu privilégié de sa lecture).

II.2.1 Lire la Bible : s' approprier la Parole de Dieu et en vivre[73]

D'abord chez le théologien Fidèle Mabundu Masamba, lire la Bible c'est « s'approprier la Parole de Dieu et en vivre[74]. » Ceci expliquerait même l'importance de la lecture de la Bible dans toutes les communautés chrétiennes. Il qualifie la Bible d'un « trésor dynamique » à faire. Quand le croyant aborde la Bible, c'est pour y trouver du réconfort par l'une ou l'autre Parole rencontrée, avec sa situation de vie qui est la sienne. Il trouvera dans la Bible, une parole utile à l'approfondissement de sa foi, capable de le pousser à s'engager dans son milieu, afin de contribuer lui aussi à la construction d'un royaume d'amour et de paix voulu par Dieu.

---

[70] CONCILE VATICAN, *Verbum Domini*, § 107.
[71] JEAN PAUL II, *Sollicitudo rei socialis*, § 36.
[72] Paul BONY, *L'Eglise et les pauvres*, p. 141.
[73] Fidèle MABUNDU MASAMBA , *lire la Bible en milieu populaire*, Paris, Karthala, 2003, p. 272.
[74] *Idem.*

La Bible contient plusieurs exemples des situations passées et qui peuvent s'actualiser aujourd'hui. C'est peut-être l'expérience d'Abraham, Père des croyants, qui a mis toute sa confiance dans le Seigneur, acceptant de quitter son milieu de vie pour aller vers l'inconnu (Gn 12-17). Peut-être encore celle des apôtres qui ont accepté de tout quitter pour suivre Jésus (Mt 19,27). Le Seigneur ne cesse d'appeler l'un ou l'autre pour son service. En lisant la Bible, tout chrétien peut sentir, comme ces premiers appelés, que le Seigneur a toujours besoin d'aide, ainsi peut-il devenir aussi attentif à cet appel. Un autre exemple dans la Bible est celui de Saül, le premier roi d'Israël qui cherchait à faire mourir David parce que Dieu l'avait choisi pour régner à sa place. David a dû fuir dans les montagne et la nuit, il se refugia dans une caverne pour déjouer ses poursuivants. Or Saül et ses guerriers parvinrent à cette même caverne sans se douter que David s'y cachait. David refusa de se venger de son ennemi et se confia au Seigneur qui prendrait sa cause en main (1 Samuel 22, 1-24, 4-10. 12-13).

Voilà une situation qui peut inspirer tout chrétien lecteur de la Bible aujourd'hui. La colère et la vengeance placent parfois les humains dans un cercle infernal de vengeance. A la femme pécheresse, en Luc 7, 36-50, le Seigneur demande d'aller et de ne plus pécher, contrairement au jugement téméraire de l'entourage. Laisser une situation pourrir, serait contre la dignité humaine que Jésus veut restaurer. S'approprier cette situation dirait aussi que la situation irrégulière d'un homme ou d'une femme ne l'empêche pas d'aller vers le Seigneur ni de s'intéresser à la lecture de la Bible.

Par ailleurs, il ne s'agit nullement pas de trouver des réponses toutes faites en lisant la Bible, mais de se laisser éclairer par une situation ou une parole de la Bible, se l'approprier car chaque personne a une histoire. C'est dans la conception, dit F. Mabundu Masamba, de l'Africain : « Pour tous les croyants africains, lire la Bible, c'est donc aller à la découverte d'un message de vie afin de le faire leur, de s'y reconnaitre avec tout ce qu'ils sont et de l'expérimenter dans le concret de leur réalité [75]». Mais la Bible n'est pas à considérer comme n'importe quel livre d'histoire qui informe sur les évènements du passé. Sinon, il conviendrait de le classer dans une bibliothèque ou dans un rayon de bureau.

C'est Dieu qui a voulu entrer dans l'histoire humaine, laquelle trouve sa plénitude dans l'incarnation dont la Bible nous parle[76] et qui devient source de foi. Toutefois, les Saintes Ecritures, si elles peuvent se faire proches, ne viennent pas de la dictée de Dieu à ses écrivains humains, mais ces derniers, sous l'action de l'Esprit Saint, ont traduit leur expérience de Dieu dans leur contexte. Si le croyant lit ce texte biblique aujourd'hui, il n'en restera pas passif, mais l'actualisera à son vécu : « L'actualisation consiste plutôt à montrer comment tel ou tel texte biblique est toujours vivant dans les situations nouvelles vécues par les hommes »[77]. Fidèle Mabundu Masamba ainsi que d'autres théologiens appellent cette lecture, une « lecture existentialiste », toujours en rapport avec le vécu.

Parmi ces théologiens, Marcel Dumais se demande si la Parole de l'Evangile peut vraiment donner sens à nos expériences de vie et à nos langages : « Entre l'Evangile et la vie

---

[75] *Ibid.*, p. 27.
[76] *Idem.*
[77] *Idem.*

d'aujourd'hui, entre leurs deux langages si distants, la tension existe donc, inéluctable. L'équilibre ne sera vraisemblablement instauré, l'harmonie ne sera établie qu'en prenant pour acquis que les deux pôles, « Evangile » et « vie d'aujourd'hui », entrant dans la constitution du sens de la foi chrétienne[78]. »

Donc, pour Marcel Dumais, tout comme les prophètes ont réélu les événements de l'expérience historique d'Israël, qui n'a jamais été close, il doit toujours y avoir un rapport dialectique entre évènement et sens. Les premières communautés chrétiennes, dans le quotidien de leur vie, ont actualisé l'enseignement de Jésus, donnant de nouvelles dimensions au sens de ses paroles et de ses gestes. Dans l'Ancien Testament même, tout est parti du vécu d'un peuple, depuis l'exode jusqu'au Sinaï. C'est à partir, par exemple, de l'expérience du désert, cet événement majeur, que le peuple pouvait interpréter le présent de telle sorte que « si le sens portait l'événement, l'événement portait le sens (...), le sens venu du passé n'était jamais clos[79] ». La tendance ici est d'expliquer un texte évangélique à partir de son milieu de vie. Ainsi illustre-t-il sa dialectique de la vie et du sens par la parabole du semeur (Marc 4, 3-8).

Le théologien montre que l'analyse de cette parabole prouve qu'elle a subi une évolution, donc elle a été amendée. Par cette parabole, dit-il, Jésus marque le caractère décisif de son ministère par lequel « il inaugure le temps nouveau [80]». La partie explicative da la parabole serait ajoutée (Marc 4, 14-20 ; Luc 8, 11-15 ; Matthieu 13, 18-23) et que Jésus ne l'aurait pas prononcée. La preuve se trouve dans le fil rouge qui se déplacerait du succès du semeur à l'appréciation de la structure et de la texture de différents terrains de semis, c'est-à-dire, « l'accueil intérieur dans le milieu de Luc, à la persévérance dans le milieu de Marc[81] ». En analysant ce déplacement du texte de la parabole du semeur, M. Dumais estime qu'il faudra « adapter à notre tour, interpréter, en rapport étroit avec le sens de la vie qui est la nôtre[82] ». Les situations passées peuvent porter des significations nouvelles.

La lecture de la Bible devrait donc permettre à son lecteur chrétien actuel, dans sa réception du message, de trouver une signification toujours actualisée. Notre langage doit rester inventif et assez parlant à notre société, avec ses mutations. On veillera, pour une lecture crédible, à ne pas s'écarter du sens fondamental du message de Jésus actualisé dans les premières communautés. Disons ainsi qu'actualiser la Parole de Dieu est une exigence biblique pour chaque époque et chaque milieu. Ceci explique le long travail qu'il y a eu avant d'obtenir l'ensemble du volume que constitue les Saintes Ecritures. Il s'agit d'une succession d'interprétations. Que le lecteur, en lisant, ne cherche pas une donnée objective de morale ou d'une doctrine, mais le sens qui rend la Parole de Dieu féconde pour l'existence[83]. Un autre

---

[78] Marcel DUMAIS, *L'actualisation du Nouveau Testament*, coll. Lectio Divina 107, Paris, cerf, 1981, p. 15.

[79] *Ibid.*, p. 18.

[80] Cité par Fidèle MABUNDU MASAMBA, *Lire la Bible en milieu populaire…*, p. 274.

[81] Jacques DUPONT, *La parabole du semeur, cahiers bibliques de la revue Foi et vie*, cité par Fidèle MABUNDU MASAMBA, *Lecture de la Bible …*, p. 275.

[82] *Idem.*

[83] *Idem.*

théologien, Christophe RAIMBAULT, nous conduit à la découverte de l'importance et de la place de la Bible en catéchèse aujourd'hui.

II.2.2 La place de la Bible en catéchèse. Quel défi aujourd'hui ?[84]

Le théologien Christophe RAIMBAULT fait le constat à trois niveaux, sur le binôme Bible et catéchèse, selon lesquels la catéchèse est comprise comme une discipline en mutation, que les évolutions actuelles de l'exégèse favorisent la place de la Bible en catéchèse et que cette place continue d'ouvrir à d'autres défis.

D'abord, à propos de la catéchèse comme discipline en pleine mutation, elle invite au repositionnement de la Parole[85]. La catéchèse fait entrer dans une expérience dont le but est de connaitre le Christ afin d'entrer en communion avec sa personne, pour devenir son disciple, en vivant cette relation de confiance avec lui chaque jour. Il précise que « dans la mouvance de la Constitution Dogmatique *Dei Verbum* , mais aussi de l'exhortation apostolique post-synodale *Verbum Domini* , le contenu de la Révélation est le Christ, Verbe de Dieu fait chair. Ce Verbe de Dieu, cette parole de Dieu, manifeste le projet de Dieu d'entrer « en conversation » avec les hommes, d'établir un dialogue avec eux .

La catéchèse est lieu privilégié pour l'échange de cette Parole. La Parole de Dieu y trouve un « écho » dans le catéchisé (…) invité à s'y engager, à s'y impliquer[86] ». Il s'agit, en d'autres termes, de la place de la Bible dans la vie du catéchisé. C'est lui qui devra découvrir son rôle d'annonciateur de la Parole qui vient de témoins historiques et qu'il doit, à son tour, actualiser afin qu'elle éclaire son quotidien. C'est après avoir accueilli la Parole que l'on peut être disposé à poursuivre l'initiation car, plus les rendez-vous de l'initiation se poursuivent, plus le catéchisé se rend compte de son appropriation de la Parole de Dieu, parce que la Parole finalement lui parle. Tout s'acquiert dans ce processus catéchuménal.

Ensuite, le théologien Christophe Raimbault atteste que lire la bible en catéchèse exige aussi la contribution des méthodes exégétiques[87]. Il fait l'éloge de l'approche narrative laquelle, appliquée à la catéchèse, permet notamment au catéchisé de s'identifier à l'un ou l'autre personnage du texte, en se laissant entrainer dans la mouvance de l'intrigue, selon ce qu'il appelle « lecteur impliqué ou lecteur construit ». Lorsqu'on lit les récits bibliques, le lecteur, engagé par son acte de lecture, s'en sort pétri et transformé. Il ne s'agit, dans ce cas, pas d'une simple lecture passive, mais d'un travail réciproque du lecteur sur le texte et du texte sur le lecteur, qui consiste à interpréter l'Ecriture par le lecteur-catéchisé[88]. En fait, c'est le Christ lui-même qui est le véritable interprète si nous nous référons encore au récit des voyageurs d'Emmaüs : « Et commençant par Moïse et parcourant tous les prophètes, il leur interpréta dans toutes les Ecritures ce qui les concernait » (Luc 24,27)

---

[84] Christophe RAIMBAULT, *La place de la Bible en catéchèse aujourd'hui. Où en sommes-nous ?*, dans Henri DERROITTE (éd), *Dimensions bibliques de la catéchèse* (Pédagogie catéchétique,28), Bruxelles, Lumen Vitae, 2013, p. 67.
[85] *Ibidem*, p.68.
[86] *Idem.*
[87] Christophe RAIMBAULT, *la place de la Bible ...*, p.70.
[88] *Idem.*

En lisant, le lecteur reste à l'écoute du Christ qui lui parle, mais tout cet apport exégétique permet au lecteur-catéchisé de, non seulement tomber dans la lecture littérale, « mais aussi de garder ouvert le débat constructif entre science et foi [89]», et la catéchèse en tire profit.

Enfin, pour Christophe Raimbault, la place affirmée de la Bible en catéchèse ouvre à d'autres défis[90]. Parce que la catéchèse et les méthodes de la lecture de la Bible ont évolué, cela entraine d'autres conséquences sur ce binôme Bible-catéchèse. Dans la catéchèse, on avait recourt aux textes bibliques pour appuyer une argumentation ou une exhortation moralisante, mais actuellement, la Bible constitue une source principale pour la catéchèse, voir même son point de départ. La lecture d'un texte biblique fait souvent un lien avec un autre dans sa résonnance.

Cette catéchèse s'applique à des tranches d'âges avec des modules bien définis, et « chaque tranche d'âge peut alors approfondir le même thème à partir des mêmes textes bibliques, mais avec une pédagogie adaptée à chacun. Les temps de prière et de célébrations intergénérationnelles sont ainsi promus[91]. » Ici, on pensera à ne pas utiliser trop de textes bibliques pour un même thème car, dit le théologien C. Raimbault, par exemple en proposant le texte de l'Exode 14, 2-30, après , celui de Jean 8, 1-11. Pour le cas de la jeunesse, il est à craindre que les jeunes, s'ils ne comprennent pas, le temps de relire ce récit, ne garderaient qu'une perception tronquée de l'évènement raconté et ne garderaient en Dieu qu'une image péjorative d'un Dieu violent et vengeur.

Ne voulant pas laisser cette question de la place de la Bible dans la catéchèse ouverte, il affirme l'existence d'une quantité importante des citations ou des références bibliques dans le catéchisme de l'Eglise catholique. Citant les commandements qui figurent dans ce catéchisme, il reste perplexe sur l'interprétation des paroles dans l'aujourd'hui. A titre d'exemple, il cite le commandement « honore ton père et ta mère » (Exode 20, 12). On dirait ici que les enfants doivent éviter ce qui inventerait leur vie personnelle sans tenir compte de ceux qui la leurs donnent, Dieu et les parents. Ce sont les parents qui précèdent et qui doivent, dans ce cas, être respectés. Les enfants ne peuvent aucunement rejeter le droit des parents sur eux et leur vie, au risque d'en recevoir, lorsqu'ils deviendront parents à leur tour, en pleine figure. Cela ne veut pas dire qu'ils resteront toujours en compagnie de leurs parents, mais il s'agit d'un honneur dû aux parents (Père et mère) qui aident l'enfant à se prendre en charge un jour. Les enfants doivent à leurs parents leur existence.

Ces arguments sont exposés à plusieurs interprétations dans l'aujourd'hui. Il en est de même pour les récits bibliques, appliqués à la catéchèse qui « favorisent bien l'actualisation, l'implication et l'appropriation par le catéchisé-lecteur[92] » ; Christophe Raimbault fait remarquer que les récits narratifs, contrairement aux discours (comme le cas du décalogue) facilitent la mise en œuvre de la catéchèse et sa pédagogie. Mais, les lettres de Paul sont

---

[89] *Ibid.*, p. 71.
[90] *ibid.*, p. 72.
[91] *Ibid.*, p. 73.
[92] *Ibid.*, p. 75.

rarement mentionnés et même les passages eschatologiques qui projettent la vie, ouvrant à un avenir. Donc, les chantiers restent encore ouvert sur la place de la Bible en catéchèse.

Conclusion

Dans le deuxième chapitre, il a été question du rôle et de la place de la Bible dans la vie chrétienne. D'abord, dans les documents du magistère dont la Constitution dogmatique sur la Révélation Divine *Dei Verbum* , du Concile Vatican II ainsi que dans l'exhortation apostolique post-synodale *Verbum Domini* du Pape Bénoït XVI, sur base des textes choisis, éclairés par les Saintes Ecritures. Dans sa vie de baptisé, tout chrétien se doit d'écouter et d'accueillir régulièrement la Parole de Dieu afin d'en vivre personnellement et de la répandre autour de lui. C'est là une mission qu'il a reçue depuis son baptême. Il revient à chaque chrétien, individuellement ou collectivement, de parcourir les chemins que l'Eglise lui propose pour accomplir aujourd'hui cette mission. Les premières communautés chrétiennes nous en ont laissé l'exemple. L'Esprit dont ils étaient animés est encore à l'œuvre aujourd'hui pour que nous ne puissions manquer l'audace de chercher les moyens sans cesse adaptés au témoignage de la Parole de Dieu révélée dans la Bible. Il convient d'ouvrir d'abord son cœur à cette Parole pour que, ayant été imprégné et transformé par elle, chaque chrétien devienne un témoignage vivant autour de lui.

Et puis, la contribution des théologiens, appuyée par les documents magistériels précités, qui ont attesté de la place importante de la Parole de Dieu dans la vie chrétienne. Pour Fidèle Mabundu Masamba et Marcel Dumais, tout chrétien, en lisant la Parole de Dieu, contenue dans la Bible, devra se l'approprier et se l'actualiser dans son contexte de vie. Mais l'actualisation d'un texte biblique ne doit pas être automatique, c'est-à-dire donnée d'avance.

De son côté, le théologien Christophe Raimbault fait remarquer que la catéchèse est lieu privilégié pour l'échange de la Parole. Etant une discipline en pleine mutation, il conviendrait d'en repositionner la Parole. Et, il y a eu une évolution concernant le binôme Bible et catéchèse, surtout en ce qui concerne la pédagogie de l'initiation ainsi que dans les méthodes et approches d'analyse des textes bibliques. Il met l'accent sur la narrativité et l'investigation du « catéchisé-lecteur » dans l'actualisation du texte biblique. Catéchiste et catéchisé marchent ensemble dans la perception du sens du texte. Malgré ces efforts évolutifs, dit-il, le défi existe encore sur la chantier, particulièrement sur les épitres et leur place en catéchèse. Le troisième chapitre nous proposera quelques pistes d'attrait à la lecture de la Bible ainsi que pour celles de sa lecture crédible, en présentant un modèle d'organisation.

CHAPITRE III : QUELQUES PROPOSITIONS POUR LA LECTURE POPULAIRE DE LA BIBLE

Introduction

Dans ce dernier chapitre, il s'agit essentiellement de proposer d'abord quelques pistes d'attrait à la Bible, afin que les fidèles, surtout les gens simples, trouvent le goût de la lecture de la Bible, et ainsi entrer en contact avec la Parole de Dieu révélée dans les Ecritures, un trésor ignoré par beaucoup d'entre eux. Nous cherchons à découvrir quelques voies et moyens par lesquels nous pourrions sensibiliser les fidèles du diocèse de Franceville à sortir la Bible de sa cachette où ils l'ont mise, qu'ils l'ouvrent et qu'ils la lisent. Et pour s'y prendre dans cette démarche qui sera individuel ou collectif, nous suggérons quelques pistes, à savoir, la traduction de la Bible en langues locales, les médias et la formation des catéchistes et d'autres agents pastoraux comme éléments facilitateurs de cet attrait.

III. 1. Créer de l'attrait à la lecture de la Bible.

Nous voudrions ici suggérer la traduction de la Bible en langues locales et les médias comme des premiers éléments facilitateurs de cet attrait, et au centre, la formation des agents pastoraux car, pour la presse et pour la lecture de la Bible, il faut des guides formés.

III.1.1. La traduction de la Bible en langues locales.

La plus part des fidèles qui fréquentent nos paroisses, nos communautés ecclésiales de base ainsi que les groupes et mouvements d'actions catholiques sont des personnes d'un certain âge (avancé) et beaucoup d'entre eux n'ont vraiment pas fréquenté l'école, à l'exception de quelques cas de ceux qui n'ont fait que l'école primaire. Cette dernière catégorie s'efforce de s'exprimer en français mais ne sait ni le lire ni l'écrire. Ces gens s'expriment et communiquent dans leurs langues locales. Le diocèse de Franceville qui s'étend sur deux provinces en a choisies deux comme langues liturgiques, la langue *Obamba* et le *Nzebi*, qui correspondent, pour la première à la province de Haut-Ogooué et la seconde à celle de l'Ogooué-lolo.

Le premier effort effectué par les anciens missionnaires spiritains a été de traduire le premier catéchisme ainsi que les textes à usage liturgique dans ces deux langues. Jusqu'ici et depuis que ces missionnaires sont partis, aucun effort n'a été fait de traduire toute la Bible en langues locales. Or, la langue est l'un des outils importants pour la mission évangélique. Ce sont les langues locales qui sont parlées dans les couches profondes de la société gabonaise constituées des gens simples. Si la Bible était traduite dans une langue accessible, elle attirerait beaucoup de gens et inspirerait aux chrétiens une prière authentique avec leurs propres mots à partir des situations vécues par certaines communautés ou personnages de la Bible. Un exemple typique est celui de la projection cinématographique que l'on faisait à l'époque où la télévision n'était pas encore arrivée dans nos villages. Le film sur « Jésus de Nazareth » (« Sesu mouichi Nasarete ») était plus applaudi et commenté en nzebi par les autochtones parce qu'ils entendaient ces personnages blancs s'exprimer dans leur langue.

44

Cet aspect linguistique rendrait la Bible attirante. Si le besoin de traduire la Bible en plusieurs langues s'est fait ressentir il y a des siècles maintenant, c'était pour que tout le monde en lise le message qui leur était devenu accessible. C'est ce que le concile Vatican II précise ici : « Il faut que l'accès à la Sainte Ecriture soit largement ouvert aux fidèles du Christ [...]. Comme la Parole de Dieu doit être à la disposition de tous les temps, l'Eglise, avec une sollicitude maternelle, veille à ce que des traductions appropriées et exactes soient faites dans les diverses langues [...][93] ». Les langues africaines portent des expressions assez parlantes et proches du peuple. Dans sa propre langue, on s'exprime mieux que dans une autre langue. Or, les Bibles qui nous parviennent au Gabon, à travers tous les diocèses sont écrites en français, qui est aujourd'hui une langue nationale et administrative. C'est aussi une première langue liturgique héritée de la colonie française. Mais, les personnes âgées, sans instruction de base, ceux qui s'expriment mieux dans leurs langues locales, ne seront jamais à l'aise lorsqu'ils écoutent la Parole de Dieu dans cette langue car le texte biblique en français a des termes et des expressions qu'ils ne peuvent pas comprendre. Et, formuler une prière spontanée en français devient un apprentissage à parler le français et non une prière.

Si les premiers missionnaires qui sont arrivés en terre gabonaise ont fait un effort de pouvoir apprendre la langue locale, c'était pour parvenir à communiquer facilement et c'est de cette façon que le message biblique pouvait passer, et malgré les interférences de leurs langues et cela existe partout, ils se faisaient comprendre et étaient adoptés. Il est presqu'étonnant de voir que les jeunes, même les jeunes prêtres, préfèrent plutôt s'exprimer et célébrer en français plutôt que dans leur propre langue alors qu'ils la connaissent mais ne veulent pas la parler, peut-être à cause de l'intellectualisme. Pour parler en langue locale, c'est lorsqu'il faut s'unir contre l'autre, celui qui ne comprend pas la langue locale. La Bible en langue, utilisée en pastorale, permettrait aux gens populaires de mieux s'approprier le message et le pratiquer dans la vie ordinaire et la Bible ne serait pas une lettre morte. La langue a toujours un statut privilégié dans une culture parce qu'elle favorise la rencontre et le dialogue. Si on applique la langue locale au texte de la Bible, il deviendrait facile et ses mots, simples à comprendre. Mais comment procéder pour avoir ces traductions ?

Traduire toute la Bible en langue locale n'est pas une entreprise facile. Cela demanderait du temps et de la compétence.. Mais, il faudra commencer. Pour le diocèse de Franceville, nous proposerons à l'ordinaire de lieu, qui a lui-même étudié les Saintes Ecritures, de s'entourer de beaucoup d'autres spécialistes linguistes, exégètes et des sages connaisseurs de ces langues locales et de former une commission de traduction de la Bible afin d'amorcer ce travail et de le continuer jusqu'au bout. Dans ces langues, l'obamba et le nzebi, il existe des variantes. Lorsqu'on travaille ensemble, il est facile de discuter et de trouver les mots exactes pour telle ou telle autre expression qui semble difficile. On peut connaitre la langue, mais savoir s'exprimer afin d'atteindre ses auditeurs est parfois difficile et tel est le cas de l'un ou l'autre prédicateur que nous rencontrons parfois. Il convient de savoir transformer le discours surtout en termes familiers et accessibles en tous.

Dieu qui s'est révélé à un peuple et dans une culture a emprunté le langage humain. Son Fils Jésus s'est incarné dans un peuple, et il s'est ouvert d'ailleurs à toutes les cultures.

---

[93] CONCILE VATICAN II, *Dei Verbum*, § 22.

Dans toutes ses prédications, il s'est adressé à ses contemporains dans un langage ordinaire de leur vie et de leur milieu. Il en est de même, pour tout agent pastoral, un animateur biblique aujourd'hui. Il sera appelé à recourir à la manière simple de parler, de s'exprimer pour parler du Dieu de la Foi. Dieu lui-même n'a pas utilisé un moyen surnaturel ou inaccessible à l'homme pour communiquer avec lui. Il s'est adressé à sa créature, l'homme, par un moyen direct en empruntant son langage et en parlant avec lui. La langue locale permettrait au message biblique de devenir assez audible pour ces gens simples.

Par ailleurs, il ne sera pas suffisant de vouloir traduire la Bible en langues locales seulement, mais de valoriser aussi le *langage*. L'oralité pourrait jouer un rôle primordial car, il s'agit d'une fonctionnalité à partir de laquelle la mémoire est transmise de génération en génération en Afrique car, « en Afrique, la transmission orale a donc une valeur formatrice et existentielle. Formatrice parce qu'elle permet d'instruire les gens sur leur histoire et sur ce qu'ils doivent savoir pour leur présent et leur avenir[94]. » Celui qui parle et celui qui écoute constituent une certaine symbiose de telle sorte que ce binôme n'est possible qu'en présence de ces deux interlocuteurs. Nous pourrions même nous souvenir que, même Jésus a privilégié l'oralité, lui qui n'a rien laissé comme écrits de sa propre main et qui soit conservé. Voilà une pédagogie qui puisse trouver son terrain d'action pastorale chez les personnes âgées ou n'ayant pas fréquenté l'école.

Comme on le voit, la traduction de la Bible en langues locales est précieuse. C'est lun des moyens à utiliser pour amener les fidèles à la lecture de la Bible. Car, les gens comprennent mieux le message dans leurs langues locales que dans une langue d'emprunt. Mais il existe d'autres voies par lesquelles les gens peuvent trouver le goût de la lecture de la Bible. Nous retenons ici celle des médias.

III.1.2 *Les médias*

Les services professionnels de communication ainsi que les réseaux sociaux constituent actuellement un moyen efficace d'information et de formation populaire. Ils peuvent aussi aider à stimuler la visibilité de la bible en créant de l'attrait pour sa lecture si on en parlait constamment et si on en montrait l'importance. L'Eglise est appelée à s'adapter aux mutations qui impactent le monde et les nouveaux défis d'évangélisation s'imposent. La technologie met à notre portée les moyens numériques de communication et cela devient une voie inévitable d'évangélisation. Les médias deviennent aujourd'hui, presque les alliés obligés de toute l'Eglise : « L'acquisition de nouvelles méthodes pour transmettre le message évangélique fait partie de la tension évangélisatrice permanente des croyants et aujourd'hui, la communication étend un réseau qui enveloppe tout le globe, donnant un sens renouvelé à l'appel du Christ : « Ce que je vous dis dans l'ombre, dites-le au grand jour ; ce que vous entendez dans le creux de l'oreille, proclamez-le sur les toits » (Mt 10, 27). La Parole divine, outre sa forme imprimée, doit résonner aussi à travers les autres formes de communication[361]. C'est pourquoi, avec les Pères synodaux, je désire remercier les catholiques qui s'engagent avec compétence en vue d'une présence significative dans le

---

[94] Fidèle MABUNDU MASAMBA, *Lire la Bible en milieu populaire*, Paris, Karthala, 2001, p.294.

monde des médias, en souhaitant un engagement encore plus large et plus qualifiée[362] »[95]. Le monde actuel est uni par les médias qui favorisent un rapprochement fraternel. C'est au fait comme pour répondre à l'invitation de Jésus à ses disciples : « Allez dans le monde, proclamer l'Evangile à toutes les nations » (Mc 16,15).

Certes, cette invitation ne consisterait pas à aller faire la propagande sur Jésus, mais à apprendre aux hommes et aux femmes de notre temps que Dieu les visite. Un agent pastoral ou un animateur biblique n'aura recours à aucun moyen qui puisse ressembler à ce qu'on appelle communément du « show », comme si la Parole de Dieu correspondrait à un langage de prestige. Les gens simples, porteurs de ce message, ne devront pas s'exhiber ni faire impression. Ils seront là pour créer de l'attrait à la lecture de la Bible en se tenant à une extrême simplicité des moyens, sans contraindre ni forcer les auditeurs en leur ôtant la liberté. Ce ne sera pas du triomphalisme que l'on cherchera, mais le dialogue avec les autres, surtout ceux d'autres nouveaux mouvements religieux. On reconnait que l'autre communauté peut constituer aussi un lieu de partage de la Parole de Dieu. C'est ce que Michel Mallèvre appelle la lecture de la Bible « en groupe œcuménique [96]». Proclamer la Parole de Dieu est une lourde tâche qui demande une certaine dépossession de soi-même au point de s'effacer totalement devant le message dont on est porteur et non propriétaire.

L'archidiocèse de Libreville possède une radio puissante, la radio sainte Marie, qui a ses relais dans tous les cinq diocèses du Gabon (Franceville, Oyem, Port-Gentil, Mouila). Nous pourrions donc sensibiliser à partir de cette voie, en créant sur un même plateau, un espace de dialogue et d'échange entre nous et tous ceux qui nous écouteront partout au Gabon. Nous prévoyons une émission radio sur la Bible une fois par semaine et surtout le samedi où l'on ne travaille pas, sauf pour les travaux champêtres mais la radio, on peut l'amener avec soi en brousse si on n'a pas de téléphone. D'ailleurs, les parents aiment cela comme meilleur compagnon. Nous pourrions réaliser ces forums avec les responsables d'autres nouveaux mouvements religieux.

Une autre opportunité peut être offerte par la presse écrite, avec le journal hebdomadaire « union » qui nous sollicite de temps en temps d'ailleurs pour la rédaction de nos homélies de chaque dimanche ainsi que sur d'autres sujets en rapport avec l'Eglise. C'est aussi par-là que nous pourrions susciter le goût de la lecture biblique. Actuellement, par les réseaux sociaux, surtout le « YouTube » favorise aussi l'information, quand bien même la désinformation peut aussi passer par là. Il y a , tout de même, des diffusions qui s'imposent et qui peuvent défier certaines attitudes sans éthique. Pour illustrer cela, pendant toute la période de crise sanitaire provoquée par le Covid-19, beaucoup de prêtres et mêmes des pasteurs ont utilisé cette voie, non seulement pour diffuser le message chrétien, mais aussi pour organiser des cultes solitaires lesquels par leur diffusion, permettaient aux fidèles chrétiens de maintenir la foi vive et d'espérer encore pendant cette lourde épreuve. Certains prêtres avaient décidé d'envoyer chaque dimanche une homélie sur chaque téléphone du

---

[95] BENOIT XVI, *Verbum Domini*, § 113.
[96] Michel MALLEVRE, *Les enjeux d'un point de vue catholique*, dans *CAHIERS EVANGILE*, 141(septembre 2007), p. 122-124.

fidèle chrétien afin de maintenir cet élan religieux et la flamme de la Foi. Pourquoi n'utiliserions-nous pas les mêmes réseaux pour parler de la Bible ?

Au diocèse de Franceville, un seul prêtre a été formé pour les médias. Il conviendrait de former d'autres agents pastoraux à cette tâche car, pour animer des émissions à la radio comme à la télévision, il convient d'avoir certaines compétences et un esprit de créativité, savoir créer du neuf pour rendre une émission attirante. Cela intéresse beaucoup les jeunes qui se posent tant de questions sur leur vie en rapport avec la Bible. Il faut trouver des thèmes, des concepts qui intéressent les jeunes, les analyser pour les articuler avec la Bible. Ce n'est pas tout le monde qui sait prendre la parole sur un plateau de la radio, qui peut, par son expression, susciter de l'émotion cela demande toujours un apprentissage. La formation des agents pastoraux ne se limite pas aux médias seulement mais concerne beaucoup d'autres aspects. C'est ce que détaille le point suivant de ce chapitre.

III.1.3 La formation des catéchistes et d'autres agents pastoraux.

La formation des catéchistes est une priorité pastorale pour le diocèse de Franceville. Les premiers missionnaires avaient accordé une attention particulière à cette formation au moment où les prêtres autochtones n'étaient pas encore formés. Ce sont les catéchistes qui travaillaient avec les missionnaires qui ne pouvaient pas couvrir tous les secteurs surtout ruraux. Ce sont eux qui étaient chargés de la vie ecclésiale de ces communautés qui attendaient le passage du prêtre pour la célébration eucharistique et l'administration des sacrements une fois par an. Les missionnaires prêtres, n'étant pas assez outillés, formaient les catéchistes en leur apprenant le catéchisme par cœur en vue des sacrements.

C'est à partir de cet apprentissage doctrinal ainsi que de l'encadrement de la part des missionnaires, qui leur ont appris à lire et à écrire, que l'Eglise particulière de Franceville a obtenu ses catéchistes. Il faut dire que cet enseignement donné était presque dépourvu du contenu biblique. Beaucoup de ces catéchistes de la première génération sont morts. Le diocèse de Franceville a formé quelques prêtres autochtones qui travaillent au diocèse à côté de quelques missionnaires, et le nombre de ces prêtres s'avère insuffisant par rapport à l'étendue du diocèse. Aujourd'hui encore, ce sont les catéchistes de la nouvelle génération et les responsables des communautés ecclésiales de base qui s'occupent en majeure partie des communautés et qui n'ont pas de formation soutenue surtout dans la lecture de la Bible, or elle constitue une première source de foi pour tous les chrétiens. Alors, la formation des catéchiste est une nécessité pressante et qui leur permettrait, à eux et à d'autres agents pastoraux, d'acquérir les nouvelles compétences pour un service ecclésial efficace. Le conseil pontifical pour la promotion de la nouvelle évangélisation l'exprime dans ces termes :

> « La formation vise tout d'abord à faire prendre conscience aux catéchistes qu'ils sont, en tant que baptisés, de vrais missionnaires, c'est-à-dire des sujets actifs d'évangélisation et, sur cette base, habilités par l'Eglise à communiquer l'Evangile et à accompagner et éduquer dans la foi. La formation des catéchistes contribue donc à développer les compétences nécessaires à la communication de la foi et à l'accompagnement de la croissance des frères. La finalité christocentrique de la catéchèse façonne toute la formation des

catéchistes et leur demande de savoir animer le parcours catéchétique afin de faire émerger la centralité de Jésus-Christ dans l'histoire du salut[97]. »

Nous trouvons alors combien s'avère important la formation multidimensionnelle des catéchistes. Dans nos communautés rurales les plus éloignées, les catéchistes s'occupent encore de toute la vie pastorale malgré leurs compétences très limitées. Pour les communautés citadines, c'est chaque curé de paroisse qui propose ce service bénévole à ceux qui peuvent y répondre, et ce sont généralement les fidèles de la paroisse qui présentent quelques aptitudes. Tel est le cas des enseignants. Souvent, ils restent bornés à la méthode classique du maitre devant ses élèves à qui il pose des questions et attend des réponses, juste en vue d'obtenir les sacrements. Eux-mêmes n'ont jamais été initiés à la lecture de la Bible. Cette méthode traditionnelle est dépassée et la catéchèse demande une inclusion des textes bibliques pour un bon partage de la Parole de Dieu. Dans ce sens, c'est Dieu qui parlerait à son tour à tous, catéchistes et catéchisés.

Ce qui vaut pour la formation des catéchistes vaut aussi pour l'ensemble des agents pastoraux, même les prêtres car, comme le dit François-Xavier AMHERDT, la formation au sens ecclésial : l'Eglise *toujours recommencée* [98]» . Mais, quelle est la portée de cette formation du catéchiste ? Il s'agit ici d'une formation intégrale, mais particulièrement biblique. On prêche l'Evangile en union avec toute l'Eglise et un catéchiste devra en avoir la compétence. Voici ce que le Professeur Henri Derroitte dit à cet effet : « Le catéchiste est quelqu'un qui a appris la compétence théologique, à savoir la compétence de lire la Bible et la tradition en les questionnant et en les habitant avec son être propre, pour qu'elles deviennent son lieu de vie et de ressourcement [99]». Mais, il conviendrait pour le cas du diocèse de Franceville, de prendre au sérieux des choix en matière de formation, afin qu'ils soient adaptés aux fidèles dans leur milieu de vie, c'est-à-dire, en tenant compte des communautés rurales et leur réalité de vie, ainsi de même pour les communauté de ville.

En général, l'objectif de la formation des agents pastoraux est de rendre un service pastoral. A la base de leur mission, c'est la Bible qui doit constituer une source principale de leur inspiration ainsi que de l'enseignement. Sans aucune intention de prononcer un jugement avec témérité, en Afrique, il est plus facile de devenir un pasteur d'une église, surtout de réveil, que de devenir un prêtre. Ce dernier suit un long cursus de préparation à la mission alors que pour l'autre cas, on peut s'improviser pasteur. Devenir un agent pastoral ne s'improvise pas. Il conviendrait d'abord d'assimiler la doctrine chrétienne et se laisser initier à vivre comme chrétien. Il faudra bien que cette formation réponde aux attentes des fidèles dans le contexte actuel du diocèse de Franceville.

---

[97] CONSEIL PONTIFICAL POUR LA PROMOTION DE LA NOUVELLE EVANGELISATION, *Directoire pour la catéchèse*, Paris, Cerf, 2020, § 132.

[98] François-Xavier AMHERDT, *La formation des catéchistes et des agents pastoraux : priorité pour l'Eglise contemporaines,* dans Henri DERROITTE, Danielle PALMYRE, *Les nouveaux catéchistes, leur formation, leurs compétences, leur mission.,*[pédagogie catéchétique 21], Bruxelles, Lumen Vitae, 2008, p. 95

[99] Henri DERROITTE, *Les nouveaux catéchistes. Enjeux de leur formation*, dans Henri DERROITTE, Danielle PALMYRE, *Les nouveaux catéchistes …*, p. 11.

Au départ, l'accent dans la pratique pastorale était mis sur la conversion au christianisme. De nos jours, nos contemporains attendent un message de libération de tout ce qui les opprime. Ils ont besoin d'un message de réconfort, un message d'espérance dans l'épreuve des catastrophes naturelles provoquée par la désintégration cosmique, et même celles provoquées par de mauvaises structures d'oppression dans nos Etats où règnent l'injustice et la violence. Il convient d'éviter de mettre dans les têtes des fidèles, des théories préétablies à la manière de « prêt-à-porter » dont le choix n'aura pas tenu compte de la taille. Sans connaitre le vécu, sans l'expérience de ce que vivent les gens, la Bible risquerait de rester pour eux une lettre morte.

Par ailleurs, au terme du cursus, la formation reste ouverte, permanente et elle n'est pas close. Elle est ouverte parce qu'elle demande un ressourcement continuel et cela est loin d'être le cas de nos prêtres du diocèse de Franceville qui est un jeune presbyterium. Ils devront être motivés à se former continuellement, surtout en participant à des sessions de formation initiées même ailleurs, dans d'autres diocèses. Quelle est la nature de cette formation intégrale? Fidèle MABUNDU MASAMBA nous en présente quelques aspects que nous tenons à évoquer ici : La formation devra comprendre « un savoir » qui correspond à une formation doctrinale de base, « un savoir-être » qui soit une formation humaine suffisante et « un savoir-faire », c'est-à-dire une formation pédagogique[100].

Le savoir

Le savoir englobe la formation doctrinale de base, la connaissance de la tradition et du magistère.

La formation doctrinale, pour tout agent pastoral, reste incontournable car l'animation biblique aujourd'hui a besoin des gens formés, capables de transmettre le contenu de foi, de faire une réflexion profonde sur l'Evangile, avec une attention à la société. L'agent pastoral aura pour rôle de faire que la Parole de Dieu touche le cœur du croyant car c'est elle qui nourrit sa vie chrétienne. Donc, cette formation nécessite la connaissance des Ecritures., de la tradition et du magistère.

La Bible est une source essentielle de toute la foi et un outil privilégié dans la pastorale. Les fidèles eux-mêmes doivent être initiés à lire la Bible. Mais, manier la Bible n'est pas une tâche toujours aisée, surtout pour une personne qui l'ouvre pour la première fois. Il reviendra au formateur d'en décrire brièvement la structure, ses parties ainsi que ses livres qui sont comme les maillons d'une chaîne, or si on retranche l'un des maillons, c'est toute la chaîne qui devient inutile. Il leur facilitera de se familiariser avec la Bible, à savoir trouver les livres, les chapitres et les versets. C'est à partir de ces renseignements qu'ils pourront arriver à explorer la Bible et à « se faire l'oreille », le rendant accessible, maniable afin de savoir en tirer profit[101].

---

[100] Fidèle MABUNDU MASAMBA, *Lire la Bible en milieu populaire, Ibid.*, p. 305-320.
[101] Franca FELIZIANI KANNHEISER, *Cher Dieu, est-ce toi qui as écrit la Bible ? Moi, j'ai vu le film !*, dans Henri DERROITTE, *Dimensions bibliques de la catéchèse*, Bruxelles, Lumen-Vitae, 2013., p.169.

Par ailleurs, il ne s'agit pas de rendre les formateurs des experts en sciences bibliques, mais de chercher à ce que la formation ne soit pas superficielle, à la manière d'enduire le vernis sur un meuble et aussitôt il se dévitrifie. Qu'ils sachent au moins d'où viennent les textes et comment ils ont été rédigés. Que le formateur sache plus ou moins distinguer les genres littéraires afin d'éviter ce que les théologiens et exégètes appellent « le fondamentalisme » qui guette souvent nos milieux populaires. Le formateur devra aider à restituer le texte dans sa vérité, en le lisant à partir de sa fenêtre historique, ou du moins une petite analyse qui fera voir que le texte biblique n'est pas la dictée de Dieu aux hommes, mais qu'il s'est formé progressivement, tout en restant marqué par l'emprunte des auteurs sacrés. Il n'est donc pas à lire littéralement.

La Bible une parole magique qu'il faut connaitre par cœur afin de l'appliquer à n'importe quelle situation et obtenir des réponses toutes faites. La Parole de Dieu est passée par les médiations humaines. La Bible est une histoire de rencontre et de communion entre Dieu et l'homme[102]. La Bible n'est pas comme un bloc tombé du ciel. Elle est née dans une communauté croyante et reste inséparable d'elle. Si l'on peut interpréter la Bible différemment, ces interprétations ne devront pas s'écarter du sens original selon le « témoignage original de foi transmis de génération en génération au sein de l'Eglise[103] »

Dans la pratique, la formation consiste à initier les participants à étudier en groupe le texte biblique, s'en imprégner pour découvrir ses interpellations : Que dit le texte par rapport à la vie et vice versa. Et, c'est de cette façon que le croyant qui lit la Bible peut découvrir que Dieu ne se révèle pas uniquement dans la Bible, mais aussi dans le vécu, dans cette expérience quotidienne de la vie. Ici, il faudra préciser qu'il ne s'agit pas d'avoir vécu tout simplement un évènement qu'il deviendrait une expérience, mais « le vécu se transforme en expérience par une sorte d'élaboration réflexive et par un travail d'interprétation[104] ». La mission d'un agent pastoral est de faire comprendre que Dieu qui se révèle à travers les récits bibliques l'est également à travers l'expérience que nous vivons chaque jour. Lire la Bible n'est pas une activité de mémoire, une activité qui servirait à meubler l'intellect, mais une éducation à la foi et à la vie.

Ensuite, après la formation doctrinale, un agent pastoral est celui qui pourra témoigner de sa connaissance de la *tradition*, qui constitue aussi une source de foi. La Bible étant née d'une expérience historique, religieuse et culturelle d'un peuple, pour qu'elle devienne parlante aujourd'hui, devra intégrer toute cette expérience, depuis le peuple juif, les premières communautés, les Pères de l'Eglise jusqu'à présent. Il s'agit d'un héritage qui est fondé sur la Bible elle-même et qui se présenterait comme une relecture des textes antérieurs interprétés en rapport avec les évènements nouveaux. Nous ne devons pas ignorer d'où nous venons, notre propre tradition. A titre d'exemple, ignorer l'expression doctrinale, le « *credo* » qui forme la synthèse de foi de toute l'Eglise[105].

---

[102] François BROSSIER, *La formation des catéchistes et des animateurs pastoraux aux sciences bibliques*, dans Les nouveau catéchistes …, p. 86.
[103] *Ibid*, p. 87.
[104] Fidèle MABUNDU MASAMBA, *Lire la Bible en milieu …*, p. 307.
[105] JEAN-PAUL II, *Catechesi Tradendae*, § 28.

Lorsqu'on forme les agents pastoraux, c'est pour qu'ils connaissent aussi l'histoire de l'Eglise en général et celle de l'Eglise d'Afrique en particulier. Il revient aux chercheurs de partager leurs réflexions et de les mettre à la disposition des fidèles comme véritables outils pour la lecture de la Bible. Il faudra donc exhorter l'épiscopat gabonais à produire des textes en rapport avec sa propre histoire sachant que « le message du Christ, ayant emprunté le chemin de l'histoire des peuples, de leurs langues et cultures[106] », il revient aux évêques de s'équiper convenablement en personnel formé, avec un outillage adéquat pour une recrudescence, un renouveau de l'événement christique dans plusieurs disciplines en vue d'un service à rendre à l'Eglise locale de Franceville. La tradition est une richesse et une barrière à la déviation toujours possible en milieu populaire. Ceux qui lisent la Bible doivent se laisser orienter. Mais la fidélité à la tradition ne peut être orienté au « traditionalisme »ou conservatisme, car elle doit faire place à la créativité qui oriente vers l'avenir.

Enfin, la connaissance du *magistère* qui donne des orientations précises pour l'Eglise universelle, et même les lettres pastorales au sein des Eglises particulières en vue de l'unité de la foi. Au diocèse de Franceville, les prêtres, les catéchistes ainsi que d'autres agents pastoraux ne sont pas souvent au courant de nouveaux documents du magistère. Beaucoup d'agents pastoraux ignorent ce que c'est qu'une encyclique, une exhortation apostolique ou une lettre apostolique. Les agents pastoraux devraient avoir la possibilité d'accéder facilement à ces documents qui donnent des différentes orientations sur la pratique pastorale et l'harmonise. La catéchèse, la liturgie sont des lieux qui favorisent la lecture de la Bible, le partage de la Parole de Dieu et c'est une tâche qui appartient à la communauté ecclésiale avec le concours de tous les agents pastoraux. Surtout les catéchistes et les responsables des communautés ecclésiales de base qui jouent un rôle très important dans l'évangélisation de notre diocèse devront avoir la possibilité d'accéder et d'être informés sur le Magistère. Il faudra ici signaler que même beaucoup de prêtres restent ignorants de ces documents.

Nous tenons à insister ici sur le fait que la connaissance du Magistère ne soit pas liée aux différents ordres ministériels comme le diaconat, la prêtrise et l'épiscopat. Tous les fidèles ont aussi le droit de savoir tout ce qui se passe dans l'Eglise depuis sa fondation jusqu'à nos jours. Limiter la connaissance du Magistère aux seuls prêtres renverrait certainement à un cléricalisme qui ne cadre pas avec la notion de synodalité. Parce que nous parlons d'une formation au Magistère en vue d'une pastorale contextuelle, la connaissance des traditions culturelles est à privilégier. Le diocèse de Franceville regroupe deux provinces, à savoir, le Haut-Ogooué et l'Ogooué-lolo où existent des rites et des pratiques traditionnels auxquels cette partie du peuple adhère, même entant que chrétiens. Pour ne citer que quelques-uns, il s'agit du *Ndjobi* dans le Haut-Ogooué, du *Bwiti* et du *Nyembé* dans la province de l'Ogooué-lolo. Concernant le *Ndjobi,* « nous savons qu'il est un rite exclusivement masculin. L'activité du rite *Ndjobi* , selon Gabon culture, concernerait autant la socialisation, la lutte contre la sorcellerie, le contrôle social que le règlement des conflits, l'activité économique, les relations entre les hommes (...) ses initiés le définissent comme une puissance magique, ubique,

---

[106] *Ibid.*, p. 309.

impersonnelle et transcendante[107]. » Quant au *Bwiti*, c'est « un rite de passage pubertaire, strictement masculin. Le *Bwiti Dissumba* s'appuie sur le culte des ancêtres, notamment à travers des reliquaires contenant les ossements des ascendants (...) culte essaimé dans toutes les ethnies gabonaises[108]. » Le dernier rite, c'est-à-dire, le *Nyembé*, concerne l'initiation des femmes à acquérir une certaine ascendance sur l'homme. Il y a beaucoup d'autres croyances traditionnelles que nous ne pouvons pas évoquer ici, au risque de nous éloigner du sujet, ou de déborder.

Il a fallu relever tout simplement le fait que le contexte de vie des chrétiens du diocèse de Franceville est celui d'un symbolisme culturel varié qui invite les agents pastoraux à s'ouvrir à ce patrimoine, surtout avec un esprit de discernement car tout dans ces cultures n'est pas saint et tout non plus n'est pas mauvais. L'usage de la Bible ne pourra convenablement se faire que si les agents pastoraux ne rejettent ni n'ignorent ces us et coutumes du peuple dans son environnement. C'est ce que l'exhortation apostolique *Catechesi Tradendae* tient à préciser sur la catéchèse en disant : « Les catéchistes authentiques savent qu'une catéchèse s'incarne dans les différentes cultures ou dans différents milieux[109]. » Ce qui est dit de la catéchèse et des catéchistes se rapporte aussi à la pastorale biblique et aux agents pastoraux. Il arrive souvent aux prêtres africains qui ont été formés ailleurs, surtout en Europe de ne pas se retrouver lorsqu'ils reviennent dans leur propre terrain pastoral.

La formation que les agents pastoraux reçoivent a besoin d'intégrer les éléments de la culture locale et les aidera à aller même au-delà de ce qu'ils auront découvert, sans se borner à une simple mémorisation des formules doctrinales. Pour arriver à se qualifier de « bien formé », il ne s'agit pas d'avoir acquis seulement des compétences cognitives, qui permettent de raisonner sur la Bible, le magistère et sur la tradition. Il faut aussi un « savoir-être[110]. »

Le savoir-être

La formation devra permettre à chaque agent pastoral de se transformer de l'intérieur afin de répondre aux exigences de sa mission et de s'y conformer. En se formant, il doit changer par sa manière d'être. C'est un changement de maturation. Il faut bien sûr les qualités intellectuelles mais aussi humaines. C'est savoir comment se comporter en communauté et cultiver le sens de responsabilité personnelle. Il s'agit ici de l'aspect humain. Coordonner une animation biblique ou catéchiser, n'est pas une conquête mais un service. On propose l'Evangile ou la catéchèse mais on ne l'impose pas. Voici ce que André FOSSION écrit à propos du catéchiste : « son travail porte sur les conditions qui rendent la foi compréhensible, possible, désirable. Son action va jusque-là, mais s'arrête. Le reste est affaire de grâce et de liberté[111] » Un agent pastoral devra éviter tout esprit de domination devant la liberté des hommes car, c'est Dieu lui-même qui fait don de sa grâce aux hommes. Il est celui qui va vers

---

[107] *Le Ndjobi, symbole de la masculinité en pays Téké*, en ligne : https://mongabonestdoux.wordpress.com: 22022/01/23 (consulté le 14.05.2023).

[108] *Le Bwiti*, en ligne : https://voyage-au-gabon.skyrock.com/1398165097 (consulté le 14.05.2023).

[109] JEAN-PAUL II, *Catechesi Tradendae*, § 53.

[110] Fidèle MABUNDU MASAMBA, *Lire la Bible en milieu*, p. 315.

[111] André FOSSION, *La compétence catéchétique : Perspectives pour la formation*, dans Henri DERROITTE, Danielle PALMYRE, *Les nouveaux*, p. 28.

les autres en leur faisant confiance. Il devient comme un compagnon de route avec eux, comme Jésus parmi les voyageurs d'Emmaüs. Il se écoute les autres parce qu' « un même Esprit est à l'œuvre chez l'évangélisateur et chez l'évangélisé et le premier, s'il sait ce qu'il propose, accepte aussi d'être converti par celui qui a bien voulu l'écouter[112] » Toute cette posture renvoie aux dispositions personnelles qui favorisent une ouverture aux autres.

Les compétences intellectuelles et humaines permettront aux agents pastoraux, d'une part d'aborder les textes bibliques sans les trahir et d'autre part, à avoir une bonne attitude d'accueil envers les autres, surtout les prédicateurs des autres nouveaux mouvements religieux qui sont d'ailleurs nombreux au diocèse de Franceville. Au moment d'une animation biblique, il faudra savoir cultiver un esprit de fraternité qui permettra d'observer les situations, les analyser afin d'en dégager quelques pistes de solutions, sachant qu'il peut y avoir certaines situations imprévues au regard des changements qui affectent le monde et l'Eglise. Ceci demande d'aller même au-delà du texte biblique que l'agent pastoral peut avoir sous les yeux, il doit être créatif, sans rester lié à ce qu'il considère comme réalités bibliques, jusqu'au point de les répéter et de les faire répéter sans aucune référence au vécu quotidien.

En somme, accepter d'aller en formation c'est accepter de prendre une forme, se laisser modeler en vue d'un changement. Au moment d'une animation biblique, l'animateur sera un guide, attentif à ce que propose chaque membre du groupe et il devra s'en laisser interpeller. Il s'agit de vivre et de vivre avec les autres. Savoir-être chez tout éducateur existe dans l'art de vivre avec les autres dans un esprit de collaboration. Cette attitude se rapporte à une autre compétence pédagogique : « le savoir-faire[113] ».

Le savoir-faire

La formation doit intégrer aussi la dimension pédagogique et méthodologie pratiques. Il s'agit d'acquérir une certaine capacité à faciliter la communication car « s'engager au service du peuple de Dieu suppose une capacité d'accompagner les communautés ecclésiales avec une certaine pédagogie. Il s'agit d'abord d'une aptitude pratique à utiliser les outils adaptés pour mieux rejoindre le message de l'Evangile et le communiquer sans toutes fois le déformer. Mais une pédagogie implique aussi une certaine qualité de présence et de relation[114] »

Tout agent pastoral doit savoir adapter sa posture, surtout que toutes les communautés chrétiennes ne connaissent pas les mêmes réalités, il y en a qui sont en ville et d'autres sont des communautés rurales où l'on trouve les gens qui n'ont pas fréquenté l'école ou qui l'ont abandonnée si tôt. Ces gens-là comptent sur l'oralité. Ils sont habitués à un catéchiste qui connait tout et qui doit transmettre à ses élèves qui n'ont rien à lui apporter. C'est un enseignement magistral avec la méthode de questions-réponses, sachant qu'il a un certain avantage de « précision, la rigueur, la justesse et la clarté[115] ». Mais pour les communautés de la ville, il faudra animer un groupe et savoir que chacun a quelque chose à

---

[112] *Ibid.*, p.27.
[113] Fidèle MABUNDU MASAMBA, *Lire la Bible* …, p. 316.
[114] *Ibid.*, p. 317.
[115] André FOSSION, *La compétence catéchétique* …, dans Henri DERROITTE, Danielle PALMYRE, *Les nouveaux catéchistes,, les nouveaux catéchistes…*, p. 22.

dire à partir de son expérience personnelle et qu'il peut aussi apprendre des autres membres du groupe.

Pour cela, l'animateur biblique devra se sentir impliqué lui-même dans la formation. Il est lui aussi membre du groupe, mais son rôle sera de faire impliquer tout le monde de manière à faire découvrir plutôt qu'instruire, en intégrant l'expérience de tous les participants, car chacun est porteur d'une expérience, même un petit enfant. Ce dernier a aussi des questions qu'il se pose ou des réponses à donner, étant solidaire de son enfance, de son milieu et de sa famille. L'animateur fera un effort pour émerger le groupe comme levier de formation[116]. Le formateur et les formés sont ici comme les acteurs et coproducteurs. L'identité de chacun ne doit pas être effacée car l'expérience de tous les participants devra être intégrée, l'identité profonde de chacun dans sa relation avec lui-même, avec les autres et avec Dieu. Chacun vient en formation avec ses joies, ses peines ses questions et ses espérances. La vie de chacun doit être intégrée. Dans ce cas du groupe, c'est surtout la cohésion, interdépendance entre les membres qui facilitera la communication. Les agents en formation veilleront à tout cela dans leur pastorale biblique.

Eu égard à ce qui précède, disons en résumé que la formation des agents pastoraux recouvre trois aspects, à savoir, l'aspect cognitif ou « le savoir », l'aspect humain ou « le savoir-être » et un aspect pédagogique ou le « savoir-faire ». La formation des agents pastoraux ne répond pas à un modèle standard, mais sera adaptée aux personnes, à leur milieu et à leur situation. Il s'agit d'une acquisition des compétences et techniques pastorales qui conduisent au progrès des formateurs et des formés dans une fécondation réciproque fondée sur les urgences et les besoins concrets du peuple de Dieu. C'est une formation qui permet à tous d'aller aider les autres en pastorale. Mais comment arriver à organiser une telle formation au diocèse de Franceville ?

III.1.4 Proposition d'une organisation pratique de la formation

Il faudra proposer la formation des agents pastoraux à l'ordinaire de lieu qui en décidera l'organisation. Mais, d'après notre expérience pastorale, nous envisagerons une formation en doyennés pour tous les agents pastoraux des paroisses de ville. Elle concernera les catéchistes, les responsables de communautés ecclésiales de base. Le diocèse de Franceville est divisé en quatre doyennés qui sont : le doyenné des plateaux (6 paroisses), des mines (4 paroisses), des forêts (3 paroisses) et de l'Ogooué-lolo (4 paroisses). Tous les agents pastoraux de ces quatre doyennés pourront se réunir dans une paroisse de leur doyenné où les structures d'accueil existent déjà. Ceux des plateaux pourront être accueillis à la paroisse saint Hilaire, ceux des forêts à la paroisse saint Jérôme d'Akieni, les agents pastoraux des mines à la paroisse saint Dominique de Moanda et ceux de l'Ogooué-lolo à la paroisse Notre dame de la Salette à Koula-Moutou.

Le choix de la formation en doyenné n'est pas un hasard. Lorsque les gens sont formés dans leur milieu, c'est mieux car ils ne se sentiront pas coupés de leur réalité quotidienne, de leur vie de chaque jour. Le formateur doit être branché sur le milieu, dans la culture et dans

---

[116] Fidèle MABUNDU MASAMBA, *Lire la Bible* …, p. 320.

la langue. Il faudra une organisation qui représente un lieu de découverte et d'approfondissement, même de l'appropriation de la Parole de Dieu afin de le transmettre aux autres. Mais on accordera à tout le monde de s'exprimer sur le choix de lieu (paroisse) de formation pour que choix soit inspiré de tous. Les agents pastoraux doivent être formés, nous le répétons, dans leur milieu de travail. Voyant qu'on ne pourra pas avoir toute la compétence des personnes formées comme formateurs sur place, on demandera à l'évêque de faire appel à d'autres formateurs d'ailleurs pour former l'équipe de formation. Mais quels sont les éléments de formation à mettre en relief ?

D'abord, pour organiser cette formation, on doit se choisir des objectifs. Il s'agit de savoir sur quoi la formation va porter d'avance. On pourra poser la question aux agents pastoraux de savoir ce qu'ils attendent de cette formation. Il serait convenable de délimiter la matière pour chaque étape du cursus : sur la Bible, la tradition et le magistère, la relation entre formateur et formé, la pédagogie etc. Le diocèse s'organisera à acheter les Bibles d'une version crédible et acceptée par beaucoup de confessions religieuses, à savoir la Bible « TOB » ou traduction œcuménique de la Bible, un cahier et deux stylos et un crayon à chacun qui en sera responsable. Avec le crayon, on peut souligner, dans un récit biblique, les mots importants etc. La formation ne sera pas seulement l'enseignement direct, mais aussi permettre aux agents pastoraux d'accéder à la documentation (du diocèse et de la paroisse).

Ensuite, il faudra déterminer , après les objectifs choisis, la durée du cursus de formation ainsi que la fréquence. Nous proposons une durée de trois ans à raison de trois fois l'année et la formation se déroulera les week-ends, lesquels se prolongent parfois avec les congés dues à certaines fêtes populaires. Même la formation permanente des prêtres est souhaitée car on doit être continuellement à la recherche. Si certains opposent une résistance, c'est normal, parce que certains croient connaître tout alors que la foi même doit toujours paraitre grandissante et non installée. La formation est un cheminement permanent et même inachevé dans la vie. Après chaque année, on pourra faire une évaluation sur le travail, sur les questions qui ont guidé les formateurs et les formés.

Enfin, au bout de trois ans fixés pour le parcours de formation, on pourra faire appel à l'Evêque dans une paroisse centrale, surtout la cathédrale saint Hilaire de Franceville pour la célébration eucharistique d'ensemble et le partage des diplômes aux lauréats. Cela pourrait être une forme de motivation pour les autres. L'évêque peut même faire un rite d'intronisation de la Bible qu'une paroissienne emmènera dans un panier traditionnel au dos, en tourée par d'autres agents pastoraux et procession de chant et de danse. Arrivée devant le diacre placé devant l'autel, elle se tourne et le diacre fouille le panier pour extraire la bible qui était couverte par les brindilles de bois et des épines. Cela a comme signification : la Bible est un trésor qui pour le trouver, nécessite un effort, une abnégation. Après la lecture de l'Evangile, la Bible est placée devant, sur un ambon, une place préparée d'avance et décorée.

Après avoir proposé, au premier point de ce chapitre, quelques voies et moyens par lesquels nous pourrions créer de l'attrait à la Bible, nous essayons de proposer, dans ce dernier point, une approche simple d'une lecture populaire de la Bible. Comment faut-il la lire et avec quelle méthode ?

III.2 Approche d'une lecture populaire de la Bible

La mission d'évangélisation, qui concerne d'ailleurs tous les baptisés, ne pourrait être profitable que si elle permet aux personnes, individuellement ou collectivement, d'affronter elles-mêmes les textes bibliques. Souvent, les fidèles catholiques du diocèse de Franceville sont habitués à écouter une interprétation toute faite des lectures bibliques chaque dimanche à travers l'homélie. On peut penser à une réception passive du message de l'Evangile qui ferait d'eux des chrétiens consommateurs. Les fidèles catholiques eux-mêmes disent qu'ils sont peu armés contre les fidèles des Eglises dites de réveil, parce qu'ils ne lisent pas la Bible et ils ne savent pas comment s'y prendre, par quelle méthode faut-il lire ? Elle peut être lue individuellement mais C'est surtout la lecture en groupe est préférable. En lisant ensemble, quelqu'un d'autre peut vous aider lorsque vous butez contre une difficulté. Avant de montrer cet avantage qu'il y a à lire en groupe la Bible, comment une personne qui veut lire seul peut-il s'y mouvoir ?

III.2.1 Lecture individuelle de la Bible

Dans beaucoup de familles africaines, on trouve des Bibles, mais que l'on garde souvent comme héritage et qu'on ne lit même pas. Pourtant, la Bible cacherait un trésor, la Parole de Dieu. Beaucoup d'hommes de formation diverse ont participé à sa rédaction. Les livres qui constituent la Bible sont complexes et renferment une variété des genres littéraires. Elle nous revient d'une époque lointaine et son lieu n'est pas le nôtre, et pas même son temps. Tout ceci montre que sa lecture n'est pas facile surtout lorsqu'on veut lire la Bible seul. Le théologien bibliste Claude Lichtert compare la Bible à l'image « du fleuve aux affluents multiples, qui se jette dans la mer[117] ». Nous nous permettrons de comparer la Bible localement à une grande forêt équatoriale gabonaise qui renferme plusieurs galeries forestières à tel point que sans guide, celui qui connait la forêt le mieux et qui sait prévoir le danger de l'algue glissante ou des animaux prédateurs, les pièges tendus au gibier. Sans ce guide, toute aventure en forêt peut conduire à la perte.

Avant d'ouvrir la Bible, il convient de prier, de demander le secours du Saint Esprit comme guide. Ouvre la Bible avec le soucis d'écouter le Seigneur qui te parle à travers sa Parole. Ne cherche pas à meubler ton intellect en lisant la Bible mais découvre en elle la nourriture de ton âme. L'expérience des autres sont sujettes à caution, mais lorsqu'on fait l'expérience de lire la Bible soi-même, on peut en faire la preuve qu'elle est capable d'apporter une paix intérieure. Nous prenons ici quelques conseils qu'Alfred KUEN nous donne lorsqu'on ouvre la Bible pour la première fois[118] :

Le premier conseil serait d'utiliser une version, nous l'avons déjà dit, proche des textes originaux. Le nouveau Testament serait le texte à conseiller et particulièrement les Evangiles. Quand bien même on peut y rencontrer des genres littéraires variés, mais dans l'Ancien Testament, plus d'une personne se sont déjà laissés accrochés dans le dédale des lois et des

---

[117] Claude LICHTERT, *Lire la Bible ensemble, Quelques enjeux, résistances, méthode et approches*, Toulouse, Domuni-Press, 2020, p.7.
[118] Alfred KUEN, *Pourquoi et comment lire la Bible*, Peronnas, BLF Editions, 2016, p. 23-29.

sacrifices, des interdits alimentaires auxquels on ne comprend rien. Avant d'ouvrir la Bible, demandez le secours du Saint Esprit qui viendra vous éclairer (Psaumes 119, 18).

Le deuxième conseil est de lire avec sa volonté et son intelligence, avec son cœur en se posant cette question : « Qui ? Quand ? Où ? Quoi ? Comment ? Pourquoi ? », on peut s'identifier à tel ou tel personnage. Il faudra faire un effort de lire un chapitre entier chaque jour.

Que la lecture de la Bible ne soit pas une source d'information seulement ou un plaisir de lire, mais que la lecture soit inspirante, une lecture honnête que je laisse contrôler et éventuellement réformer tous les aspects de ma vie. Que la Bible me défier. Pour cela, l'*observation* pourra intervenir à l'aide des questions posées précédemment, chercher à déterminer le sens qui ouvre à l'*interprétation*, afin d' en tirer profit et c'est l'*application*. Il faudra souligner les passages, les mots qui vous frappent, les prières que vous pouvez vous approprier et mettre des points d'interrogation où vous ne comprenez pas afin de demander aux guides prévenus, des gens compétents qui peuvent vous aider. La lecture personnelle de la Bible peut prendre cette forme-là.

Lorsqu'on lit la Bible, n'isolez jamais un verset de l'ensemble du texte pour en tirer un ensemble mais un bon lecteur cherchera à situer le texte dans son ensemble car dit-on, « un texte sorti de son contexte peut devenir prétexte. » La première chose, en ouvrant la Bible pour la lecture, ayons l'idée de considérer la Bible comme un tout. L'ensemble de l'Ecriture forme une unité. Il serait mieux de commencer un livre et de le terminer. On peut choisir par exemple un livre de l'Ancien Testament, comme le livre de la Genèse et un autre du Nouveau Testament comme l'Evangile de saint Jean. Lorsque qu'on a terminé, on pourra prendre encore l'Evangile de Luc et les Actes des apôtres etc.. Il ne s'agit pas de chercher à faire une lecture quantitative, mais d'avoir une compréhension générale du contenu de la Bible avec les questions que suscite la lecture et de les approfondir en revenant sur le thème central de chaque livre par exemple. Le plus grand ennemis de la lecture c'est le découragement et soyez-en prévenus. Devant un passage difficile, il en est un autre qui peut l'éclairer. La lecture de la Bible demande de choisir un bon moment de la journée, loin du tapage. Une lecture de la Bible faite régulièrement fera de vous un lecteur endurant et cette régularité renouvèlera votre appétit de lecture. Beaucoup se sont découragés en lisant la Bible seul, avec le soucis de tout connaitre à la fois.

Un dernier conseil est de lire la Bible avec d'autres. La Bible est le livre donné à la communauté et c'est en communauté que nous pouvons bien la lire et bien la comprendre. Ensemble, on lit et on partage la Parole dans le groupe.

Nous tenons à proposer ici une approche de lecture personnelle et priante de la Bible , **la lectio divina,** selon la description de Enzo BIANCHI[119].

La pratique de la lecture pieuse de la Parole de Dieu n'est pas un exercice propre aux religieux et religieuses, mais tout chrétien, à travers elle, peut entrer en relation avec Dieu à

---

[119] Enzo BIANCHI, *Ecouter la Parole. Enjeux de la lectio divina* [le livre et le rouleau], Bruxelles, Lessius, 2006, p. 78-81.

travers une écoute profonde de la Parole. La *lectio divina* elle-même se déroule en quatre étapes ou phases répondant aux dénominations de *lectio, meditatio, oratio, contemplatio*, correspondant aux quatre sens de l'Ecriture définis dans le judaïsme puis dans le christianisme : le sens littéral (celui des mots dans le contexte historique), le sens allégorique (qui souligne les correspondances entre les évènements de l'Ancien et Nouveau testaments), le sens anthropologique ou moral (qui implique l'existence du croyant) et le sens analogique, l'expérience intérieure qui met en harmonie avec la Parole de Dieu.

A propos de quatre étapes de la *lectio divina* , il n'est pas toujours facile de distinguer le passage d'un moment à un autre, car elle est un processus dynamique où ces différentes étapes naissent les unes des autres. Ce que nous appelons « moments », ce sont en réalité les caractéristiques de la *lectio divina.* Selon Enzo BIANCHI , la *lectio,* - la lecture -, vise à une compréhension objective et correcte du texte. Le but est de se familiariser avec la Parole, savoir ce que dit le texte. La *meditatio* – la méditation – qui suggère l'idée de réflexion, d'effort pour actualiser un texte d'autrefois dans l'aujourd'hui de notre vie, savoir s'il me parle, en quoi me parle-t-il et quel comportement adopter ? Normalement, la méditation est une activité personnelle. L'*oratio* – ou l'oraison, est une réponse à ce que nous avons découvert comme demande de Dieu dans la méditation. La *contemplatio,* - contemplation, est la dernière étape. Contempler, c'est avoir un nouveau regard sur les choses, sur la vie, les évènements et y découvrir la présence de la Parole de Dieu afin d'agir avec elle.

Cette forme de lecture priante nourrit la foi et l'accompagne : « Il s'agit donc, en lisant un récit évangélique, de se demander quel pas il nous propose de franchir sur un chemin peuplé de questions ». La prière orante nous mettra toujours en mouvement. Elle n'est pas une recette, un acquis. La lectio divina peut être individuelle. Mais elle peut également se faire en groupe et c'est mieux de scruter les Ecritures ensemble afin d'y trouver le goût. Lorsqu'elle se fait pendant une heure, ce temps limité permet la concentration. Pourquoi est-il préférable de lire la Bible en groupe ?

III.2.2 *Lecture de la Bible en groupe*

Nous partons du fait que la Parole, parce qu'elle est une expression, elle se partage entre deux interlocuteurs. C'est de cette façon aussi que la Parole de Dieu est appelée à se partager. Dieu nous l'a partagée et pourquoi la garder pour nous-même sans la communiquer aux autres. Lire la Bible seul c'est bon, mais lire ensemble c'est mieux. La foi qui nait chez un individu a besoin de grandir et c'est dans la communauté, parce qu'on est soutenu par d'autres. Il en est de même pour la lecture de la Bible. Il est bon de « se fixer des rendez-vous biblique[120] ».

Il s'agit ici de bénéficier de la présence de l'autre, de faire une expérience ensemble, d'échanger, de communiquer dans un climat de réciprocité, de dialogue. Certainement, c'est l'animateur qui facilitera ce climat de telle sorte que chacun des membres se sente acteur. Ce

---

[120] Sophie SCHUMBERGER, *Lire la Bible en groupe et naître. Sept balises sur le chemin de l'animation biblique,* dans *cahiers Evangile* 141 (septembre 2007), p. 111.

travail de groupe est nécessaire pour s'approprier la Parole, par des confrontations amicales des différentes manières de comprendre. On dirait que chacun se sent responsable de sa mission entant que baptisé, sa fonction sacerdotale. Chacun devra faire un effort de dépasser ses préjugés car il s'agit d' « une même nourriture que Dieu nous donne, mais nous n'en découvrirons jamais toute la saveur si nous ne partageons pas les différentes manières dont l'Esprit nous a donné de la savourer[121]. »

Les groupes de partage ne sont pas nécessairement les communautés ecclésiales de base, il y a aussi les chorales et leurs compositeurs des chants et les situations que l'on rencontre dans les récits bibliques ainsi que leurs personnages peuvent inspirer les chants. Les lecteurs qui peuvent aussi se retrouver pour une animation biblique afin de partager, intérioriser et vivre d'abord la Parole qu'ils proclament à chaque assemblée. Dans le diocèse de Franceville, les lecteurs se réunissent juste la veille d'une célébration eucharistique, juste pour s'exercer avec le lectionnaire un jour avant. C'est insuffisant. Il y en a même qui s'improvisent pour faire la lecture.

Nous proposerons qu'une animation biblique, même de 45 minutes soit faite chaque samedi avant d'aller à l'exercice pratique des lectures. C'est pour que chacun arrive à manier la bible, qu'il sache vite trouver les livres et leurs divisions. Sans cette lecture profonde et partagée, il arrive le plus souvent que la prière universelle ne soit pas en lien avec le thème du jour que fait sortir la Parole de Dieu.

Un autre groupe d'animation biblique sera composé des filles-mères. Elles sont de plus en plus nombreuses dans nos paroisses et nous les y attirerons au moment où elles viendront inscrire leurs bébés pour le baptême et la catéchèse leur sera donnée sous forme d'une animation biblique au cours de laquelle chacune apportera de son expérience à la lumière de la Bible. Mais, comment organiser une lecture populaire de la Bible en groupe et sur quel modèle ?

III.2.3 *Un modèle de lecture populaire de la Bible en groupe (lecture communautaire de la Bible) : Les cercles bibliques[122]*

Nous proposons maintenant, comment s'organise une rencontre de lecture populaire de la Bible en ayant comme référence les Cercles Bibliques proposés par le CEBI. Il faut tout d'abord dire que le Cercle Biblique est avant tout une rencontre d'une communauté ecclésiale de Base composée de 12 personnes qui se rassemble autour d'une démarche croyante d'écoute de la Parole de Dieu, avec l'aspect d'une rencontre fraternelle. Lire la Parole de Dieu n'a rien d'extraordinaire. C'est la joie de se retrouver et de partager la Parole de Dieu, se laisser imprégner par elle pour qu'elle nourrisse la vie toute entière.

---

[121] Michel MALLEVRE, *Lire la Bible en groupe, quels enjeux pour nos Eglises ? Les enjeux d'un point de vue catholique*, dans Cahiers Evangile … *IB.*, p. 124.
[122] Luis Martinez SAAVEDRA, *Lecture contextuelle de la Bible*, Namur, Centre international de catéchèse et de pastorale Lumen Vitae, 2022, (Notes de cours).

Ici, l'animateur du cercle joue un rôle important de coordination et de guide informé. Il devra en avoir la compétence du savoir, savoir-faire et savoir être. Concrètement, il doit être un homme ou une femme respectable, d'une certaine autorité morale devant le groupe, un conducteur d'hommes avec un bon sens d'ouverture, avoir un engagement ecclésial et si possible social.

L'animateur n'est pas le maitre de la communauté mais un serviteur qui rend possible le partage pour la participation de tous. IL doit maitriser le temps et savoir que les questions soulevées par les échanges ne peuvent pas toutes avoir des réponses. Il doit savoir laisser certaines pour la fois prochaine et c'est la méthode du « frigo ». Il d'abord membre du groupe et attend aussi de l'expérience des autres membres.

Ainsi, le partage biblique se déroule en six moments : L'accueil, la lecture et la réflexion sur un fait de la vie, la lecture du texte biblique, l'actualisation, la prière et la préparation de la prochaine rencontre. Voici le détail :

A. L'accueil

Si possible, l'animateur préparera le local avec un signe à propos du sujet du jour. Comme l'assemblée se réunit après quelques jours, il conviendrait de donner le temps à l'échange gratuit, pour souhaiter la bienvenue, prendre des nouvelles, rire un peu. Ensuite on chante, on invoque le Saint Esprit dans une prière spontanée et brève. On présente le thème du Jour.

B. La lecture et réflexion sur la vie

D'habitude, on échange ou on lit un texte sur un évènement de la vie quotidienne ou de la réalité nationale ou encore mondiale. On échange des impressions et on essaie de discerner ensemble les questions importantes portant sur les situations décrites. La lecture du fait de la vie permet d'échanger en liberté et c'est ce qui déclenche un processus de préparation à l'accueil de la Parole.

C. La lecture du texte biblique

Il s'agit de bien saisir « ce que le texte dit ». La lecture doit se faire de manière à ce que tout le monde comprenne, s'il le faut, on peut reprendre la lecture. Si on a le temps, l'animateur pourra chercher une autre façon de « lire » le texte. Après un moment de silence qui permet de s'approprier personnellement le texte lu, on fait un tour des premières impressions et des difficultés de compréhension qu'offre le texte.

L'animateur, ou un autre qui a préparé en avance – à partir d'un texte d'étude, par exemple, ici serait aussi la place du « professionnel » de la Bible – fait une brève présentation des aspects exégétiques du texte qui peuvent être importants à prendre en compte pour sa juste compréhension. Dans le cas où il y aurait des questions qui restent sans réponse, on peut charger un volontaire d'étudier les questions pour la prochaine réunion ou d'inviter quelqu'un qui puisse apporter de l'aide. C'est la méthode « frigo », c'est-à-dire, on laisse la question en attente.

D. L'actualisation

Il s'agit ici de voir « ce que le texte nous dit ». En effet, il faut donner le pas à l'accueil de la Parole dans la réalité de la communauté. On cherche le sens du texte dans « notre » vie. Ici s'opère le jeu du parallélisme ou de l'analogie de la foi entre le texte et la réalité d'aujourd'hui. On cherche ensemble dans quel sens le texte est une Bonne Nouvelle dans mon contexte, pour moi et pour la communauté d'aujourd'hui. La communauté tire les conséquences et fait un engagement concret, simple et réalisable, devant être évalué dans un futur proche ou moyen.

E. La prière

Le texte et la réflexion de la communauté se font prière et louange. C'est un moment important où l'on se remet à Dieu, dans cette confiance qu'il est notre Père fidèle. La communauté peut exprimer la réflexion et l'engagement pris à travers un chant ou un symbole.

F. La préparation de la rencontre prochaine

Il est important de se mettre d'accord sur la prochaine rencontre (jour, date, lieu, contenu – peut-être qu'il faudra continuer à approfondir le sujet du jour, vu le manque de temps ou on prend la décision d'inviter quelqu'un d'autre …).

Bref, Créer de l'attrait pour la lecture de la Bible en la traduisant dans les langues locales, en passant par les médias à notre portée mais sans aucune intention d'imposer. Pour arriver à lire la Bible d'une manière crédible, il faudra former des guides. La lecture personnelle de la Bible est possible, mais seul, devant les obstacles dus à l'altérité du texte, aux genres littéraires, seul on risque de se décourager et d'abandonner. La lecture de la Bible en groupe est préférable à cause du partage de la Parole de Dieu qui favorise un dialogue, la bonne compréhension du texte en se l'appropriant personnellement. Lire la Bible ensemble est un rendez-vous à une double vertu, à savoir, une vertu à la fois biblique et humaine.

CONCLUSION GENERALE

Notre travail a porté sur la lecture populaire de la Bible. Nous avons suivi un plan à trois temps, à savoir, le contexte pastoral du diocèse de Franceville, la place et l'importance de la Bible dans notre vie des chrétiens et quelques propositions pour une lecture populaire de la Bible. Quant à la méthode de notre travail, elle a été analytique, réflexive et pratique : « Voir-Juger-Agir ».

Dans le premier chapitre, l'état de lieu nous a permis de décrire le contexte pastoral du diocèse de Franceville. La Bible, pourtant outil privilégié de la pastorale, n'est pas lue et reste entre les mains de quelques spécialistes dont les prêtres. Pourquoi ? L'analyse des causes et des conséquences du manque de lecture de la Bible a laissé dégager le contexte d'une crise multisectorielle profonde que traverse le Gabon en général et le diocèse de Franceville en particulier : un régime politique d'oppression, une économie biaisée au profit d'une minorité riche face à une masse populaire pauvre menacée par une insécurité grandissante.

Les nouveaux mouvements religieux se multiplient et attirent les fidèles catholiques vers eux, leur promettant un lendemain meilleur sur base des versets bibliques manipulés. Comment faire face à ce phénomène qui gagne du terrain partout au Gabon ? Il y a d'une part, le manque de formation de nos fidèles et, d'autre part, le cléricalisme des prêtres qui monopolisent la Bible. Quelle serait l'importance de la Bible dans la vie de tout fidèle chrétien. ?

Le deuxième chapitre a essayé de montrer l'importance de la Bible et la place que nous lui accordons dans notre vie des chrétiens, d'abord à partir des documents du magistère de l'Eglise, éclairés par les Saintes Ecritures et puis par la contribution des théologiens. Tout baptisé est appelé à accueillir la Parole de Dieu dans sa vie, d' en vivre personnellement. C' est par la lecture de la Bible qu'il se met en contact avec la Parole de Dieu, source de joie et de foi. La premières communauté des apôtres nous a laissé un exemple, tous unies dans la prière, par le partage de la Parole et dans la fraction du pain. Toute leur action était inspirée par la Parole de Dieu, importante encore dans notre vie d'aujourd'hui.

Comment créer de l'attrait à la Bible pour qu'on la lise et comment faut-il s'y prendre ? c'est le troisième et dernier chapitre de notre travail qui a essayé d'y répondre en faisant quelques propositions simples pour la lecture populaire des Saintes Ecritures au diocèse de Franceville.

Pour que les fidèles trouvent le goût de la Bible et le désir de la lire, il est indispensable de la traduire en *langues locales* pour qu'elle soit assez compréhensible. La langue reste un outil de grande valeur dans chaque culture car elle permet aux personnes de communiquer facilement. La Parole de Dieu contenue dans la Bible ne pourra être mieux comprise qu'en sa propre langue, surtout par les gens ordinaires qui nous entourent et qui n'ont pas assez fréquenté l'école. Les *médias* constituent une voie efficace par laquelle il faudra sensibiliser afin de susciter le goût à la lecture de la Bible, et finalement, la formation des agents pastoraux, les catéchistes, responsables des communautés ecclésiales de base, des mouvements et groupes d'action catholique. Ce sont des guides pour les autres chrétiens et qui aideront à lire la Bible car ils auront acquis certaines compétences.

Lire la Bible individuellement est possible mais la lecture en groupe est préférable car ensemble, on peut s'aider mutuellement devant les obstacles dus à sa complexité. Mais, que faire pour arriver à réaliser une formation au diocèse de Franceville ? Il convient de proposer à l'ordinaire de lieu qui en décidera les modalités en rapport avec le contexte pastoral. Nous avons aussi proposé un modèle de lecture populaire de la Bible en groupe.

Pour finir, ce que nous avons souhaité dans notre démarche, c'est que la Bible soit à la portée de tous, mais il nous faut créer de l'attrait, entretenir la curiosité et le désir d'en connaitre un peu plus, en vue d'aider le lecteur à ne pas céder à la tentation de refermer sa Bible et de la remettre dans le placard, mais de la garder sous la main pour s'y référer dans sa vie comme principale source pour prier, méditer, chanter etc. Mais la Bible serait à comparer à une métaphore d'une montagne laquelle, pour s'en risquer l'ascension, il est souhaitable de s'informer d'abord auprès des personnes qui la connaissent le mieux, qui y vivent toute l'année et qui savent prévenir le danger du temps. Avant d'ouvrir la Bible, il conviendrait de demander le secours du Saint Esprit, de se laisser guider par des personnes initiées afin de ne pas tomber dans les pièges liés à sa complexité.

TABLE DES MATIERES

I want morebooks!

Buy your books fast and straightforward online - at one of world's fastest growing online book stores! Environmentally sound due to Print-on-Demand technologies.

Buy your books online at
www.morebooks.shop

Achetez vos livres en ligne, vite et bien, sur l'une des librairies en ligne les plus performantes au monde!
En protégeant nos ressources et notre environnement grâce à l'impression à la demande.

La librairie en ligne pour acheter plus vite
www.morebooks.shop

info@omniscriptum.com
www.omniscriptum.com

Printed by Books on Demand GmbH, Norderstedt / Germany